Menschen, Tiere und Max

Ipke Wachsmuth

Menschen, Tiere und Max

Natürliche Kommunikation
und künstliche Intelligenz

 Springer Spektrum

Prof. Dr. Ipke Wachsmuth
Universität Bielefeld, Technische Fakultät
Wissensbasierte Systeme/Künstliche Intelligenz
Universitätsstraße 25
33615 Bielefeld

ISBN 978-3-8274-3013-7   ISBN 978-3-8274-3014-4 (eBook)

DOI 10.1007/978-3-8274-3014-4 .

Die Deutsche Nationalbibliothek verzeichnet diese Publikation in der Deutschen National-
bibliografie; detaillierte bibliografische Daten sind im Internet über http://dnb.d-nb.de
abrufbar.

Springer Spektrum
© Springer-Verlag Berlin Heidelberg 2013

Das Werk einschließlich aller seiner Teile ist urheberrechtlich geschützt. Jede Verwertung,
die nicht ausdrücklich vom Urheberrechtsgesetz zugelassen ist, bedarf der vorherigen Zu-
stimmung des Verlags. Das gilt insbesondere für Vervielfältigungen, Bearbeitungen, Über-
setzungen, Mikroverfilmungen und die Einspeicherung und Verarbeitung in elektronischen
Systemen.

Die Wiedergabe von Gebrauchsnamen, Handelsnamen, Warenbezeichnungen usw. in diesem Werk berechtigt auch ohne besondere Kennzeichnung nicht zu der Annahme, dass
solche Namen im Sinne der Warenzeichen- und Markenschutz-Gesetzgebung als frei zu
betrachten wären und daher von jedermann benutzt werden dürften.

Planung und Lektorat: Frank Wigger, Imme Techentin
Redaktion: Susanne Warmuth
Grafik: Dr. Martin Lay, Breisach
Umschlaggestaltung: wsp design Werbeagentur GmbH, Heidelberg. Cover mit Fotomotiven
von Fotolia (Portrait of happy smiling man, isolated on white, © vgstudio); Möwe, Max:
© I. Wachsmuth; Affe: MPI-EVA Leipzig

Gedruckt auf säurefreiem und chlorfrei gebleichtem Papier

Springer Spektrum ist eine Marke von Springer DE. Springer DE ist Teil der Fachverlags-
gruppe Springer Science+Business Media.
www.springer-spektrum.de

Inhalt

Vorwort – bitte unbedingt zuerst lesen!

Alles Neue macht erst einmal Angst. Nicht zuletzt deshalb habe ich dieses Buch geschrieben. Es ist ein Buch über Kommunikation und Intelligenz, über Menschen, Tiere, Roboter – und Max. Wer ist Max? Das erfahren Sie spätestens im zweiten Kapitel. Warum Roboter? Das sage ich gleich.

Roboter und andere künstliche Wesen halten Einzug in den Alltag des Menschen. Von vielen kaum bemerkt und schneller als man denkt, verändert sich dadurch unsere Lebenswelt, die doch eine Welt für Menschen sein soll. Aber bleibt sie das, wenn unsere Gesellschaft sich anschickt, menschenähnliche Maschinen in ihre Umgebung aufzunehmen? Ob wir davor Angst haben müssen oder im Gegenteil hoffen dürfen, dass „intelligente" Maschinen zu verständigen und hilfreichen Partnern werden, ist eine der Fragen, mit denen sich dieses Buch auseinandersetzt.

Doch zunächst fragen wir: Wie funktioniert natürliche Kommunikation, welche Intelligenzfähigkeiten erfordert sie? Wie kann Kommunikation erfolgreich sein – zwischen Artgenossen, zwischen Mensch und Tier oder gar zwischen Mensch und Maschine? Wie gelingt das auch ohne Sprache, und was lässt sich daraus für die bessere Verständigung zwischen Menschen lernen? Wie lassen sich kommunikationsfähige Maschinen konstruieren? Können wir uns vielleicht eines Tages bei einer sprechenden Maschine nach allem erkundigen, was uns interessiert?

Junge Menschen wachsen heute in einer Welt auf, in der rasche Fortschritte der Kommunikationstechnik selbstverständlich sind. Ältere haben vielleicht Vorbehalte oder gar Angst davor: Könnte sich eine solche Technik auch gegen uns wenden? Werden uns die künstlichen Wesen irgendwann beherrschen, wenn sie intelligent genug sind? Um Ihnen eine eigene Einschätzung zu ermöglichen, will das Buch auch die Technik selbst verständlich machen – jedenfalls so weit, dass Sie sich vorstellen können, was sich hinter dem möglicherweise irritierenden äußeren Anschein verbirgt.

Während ich dies schreibe, zieht ein kleiner Staubsaugerroboter seine Bahnen durch mein Apartment und sorgt für Sauberkeit. Es gefällt mir, dass ich es nicht selbst tun muss und die gewonnene Zeit für Angenehmeres nutzen kann. Tatsächlich bin ich schon gefragt worden, ob ich mich mit dem Roboter auch unterhalten kann. Eines Tages kann ich ihm vielleicht sagen „Mach' erst das Schlafzimmer!". Haben Sie nun den Eindruck, ich wolle Ihnen etwas aufschwatzen? Das ist gerade nicht der Fall. Denn die Gestaltung einer für den Menschen wünschenswerten technischen Zukunft wird die Gesellschaft nur gemeinsam lösen können. Deshalb möchte ich meine Gedanken über die Technik kommunikationsfähiger Maschinen mit Ihnen, den Lesern, teilen.

Wir leben in einer Welt mit immer mehr älteren Menschen. Können wir uns darauf verlassen, dass sich die Jüngeren um die vielen „Alten" kümmern werden? Wie wird es sein, wenn ich einmal siebzig bin, oder achtzig? Wer kocht mir meinen Tee, wenn ich irgendwann allein lebe und es selbst nicht mehr tun kann? Mit wem kann ich mich unterhalten, wenn ich nicht mehr so viele Freunde um mich habe wie jetzt noch?

Dass der Autor Freude am Kommunizieren hat, wird Ihnen nicht entgehen – auch nicht, dass viele Teile des Buches auf einer Nordseeinsel verfasst wurden. Von den Möwen, die mich zu Anfang begleiten, über Episoden mit Katzen und Hunden, Affen und Menschen führt ein Streifzug durch die Vielfalt der in Körper, Gehirn und Geist verankerten kommunikativen Fähigkeiten. Zwischendurch geht es um die Details von Mienenspiel (Mimik) und Körpersprache; hier und da philosophieren wir auch über Gefühle und Bewusstsein. Und immer wieder begegnet uns Max, ein Kunstmensch aus der virtuellen Realität, und hilft uns zu verstehen, wie Kommunikation ganz konkret funktioniert.

Bei allen Kapiteln des Buchs haben mich Probeleser unterstützt. Ihre Hinweise waren wertvoll und ermutigend für mich. Ich habe gemerkt, dass ich vieles einfacher schreiben muss. Bei einigen Kapiteln war mir fachlicher Rat hilfreich. Herzlichen Dank für all dies an: Sanne, Bernd, Stefan, Thora, Marc, Ulrike G., Siegfried K., Annette L., Ruth P., Mo T., Christian, Hana, Henning, Julia und Katja. Großen Dank ebenfalls an die Lektoren Frank Wigger, Susanne Warmuth und Imme Techentin.

Einige technische Kapitel habe ich geschrieben, nachdem meine Gesprächspartner wissen wollten, wie „so etwas gehen könnte". Selbst wer diese Teile nur überfliegt, soll erfahren, dass die Technik immer noch keine Wunder zu vollbringen vermag. Es sei mir verziehen, wenn es hier nicht ganz ohne Fachbegriffe geht, und auch, dass ich manches zugunsten der Allgemeinverständlichkeit weglassen oder vereinfachen musste.

Ich hoffe, dass mir ein Buch gelungen ist, das für junge und alte Menschen, die nicht „vom Fach" sind, ebenso lesenswert ist wie für Menschen, die beruflich vielfältigen Sozialkontakt haben, für solche, denen die Kommunikation mit ihren Tieren so viel Freude macht wie mir, für Eltern, die sich für die technische Welt ihrer Kinder interessieren, und für alle, die im täglichen Miteinander ihre kommunikativen Fähigkeiten bewusster einsetzen wollen.

Bielefeld/Norderney, März 2012   Ipke Wachsmuth

1
Worum geht es in diesem Buch?

Mit einem leckeren Krabbenbrötchen in der Hand hatte ich mich auf die Bank an der Strandpromenade gesetzt. Kaum hatte ich den ersten Bissen im Mund, landete eine Möwe neben mir und schaute mich, *wie mir schien*, verlangend an. Eine zweite kam hinzu und gab, *wie mir schien,* klagend bettelnde Laute von sich. Ich warf ihr ein, zwei Brocken zu. Das war ein Fehler: Im Nu war ich von weiteren Möwen umringt, die mich fixierten, die Mehrzahl auf dem Boden, ein paar in der Luft, weniger als einen Meter von mir, oder besser dem „Futter", entfernt.

Nach wenigen Bissen packte ich resigniert mein Brötchen wieder ein und entfernte mich einige Hundert Meter, um es dann erneut mit meinem Imbiss zu versuchen. Sofort hatte ich wieder einen ganzen Schwarm Vögel um mich, ich war bei den Möwen offenbar äußerst beliebt! – Dann brach in mir der Forscher durch: Was genau bedeuteten die Töne, die sie ausstießen? Ich hatte eine Idee, holte mein Diktiergerät heraus, nahm das Geschrei auf und beschloss, damit etwas auszuprobieren.

Ich ging fünfzig Meter weiter und spielte die Töne ab. Die Möwen schauten herüber, kamen aber nicht näher. Das aufgezeichnete Schreien bedeutete offenbar nicht „Hier gibt es Futter". Der Geruch meines Krabbenbrötchens, das jetzt wieder in der Tüte verschwunden war, mochte der eigentliche Auslöser gewesen sein, oder war es sein Anblick? Was auch immer den Ausschlag gegeben hatte, war dies Kommunikation? Hatte ich den Möwen etwas mitgeteilt, als ich das Krabbenbrötchen herausholte? Es war nicht meine Absicht gewesen, sie anzulocken. Hatte das ausgepackte Brötchen den Möwen etwas mitgeteilt, ohne dass ich es beabsichtigt hatte?

Das war offenbar der Fall. Ich öffnete die Krabbenbrötchentüte noch einmal, dieses Mal mit dem Ziel, die Möwen anzulocken. Meine Intention war es jetzt also – genau wie vorher bei dem erfolglosen Versuch mit dem Abspielen der Möwenlaute – ein Futtersignal an die Möwen zu übermitteln. Es funktionierte, die Verbindung, ob durch Geruch oder visuelles Signal, war erneut hergestellt.

Auf dem Nachhauseweg sah ich ein Schild FANGFRISCHE KRABBEN – verlockend für mich, nicht für die Möwen. Hier wurde *mir* etwas mitgeteilt, auf dem Umweg über Schriftzeichen und nicht, wie vorher, durch Anblick und Geruch der Krabben, die verlockend für mich *und* für die Möwen waren.

In welcher Weise die Information über die potenzielle Nahrung zu den Möwen gelangte, und was sich die Möwen mit ihren Schreien untereinander mitgeteilt haben, soll hier nicht weiter verfolgt werden; Möwenforscher werden es wohl wissen. Es ist an diesem Beispiel aber bereits möglich, einige wichtige Beobachtungen festzuhalten: Kommunikation kann zufällig oder „intendiert", das heißt beabsichtigt, verlaufen, sie kann von unterschiedlichem Erfolg gekrönt sein, und sie kann auf verschiedenen Wegen erfolgen.

Als die Möwen zum ersten Mal von meinem Krabbenbrötchen angelockt wurden, war das Zufall, also jedenfalls nicht von mir intendiert. Das änderte sich, als ich das Brötchen später erneut auspackte. In beiden Fällen waren Signale – vom „Futter" ausgehende Geruchssignale und vermutlich auch visuelle Signale – durch die Luft gewandert und hatten bei den Möwen als Empfängern der Botschaft eine bestimmte Reaktion ausgelöst. In beiden Fällen war es, ob gewollt oder nicht, eine erfolgreiche Kommunikation.

Nicht erfolgreich, aber intendiert war das Aussenden der Möwenlaute mit meinem Diktiergerät, als ich versuchte, meinen Möwen eine Futternachricht mitzuteilen. In allen Fällen waren bestimmte Signale – geruchliche, visuelle und akustische – Träger der Nachricht, die die Möwen mit ihren Sinnesorganen – Nase, Augen und Ohren – empfangen konnten.

Das Schild FANGFRISCHE KRABBEN hatte mir ebenfalls etwas mitgeteilt, jedoch auf einem ganz anderen Weg. Losgelöst von der tatsächlichen Gegenwart der

Krabben, ihrem Geruch und Anblick, wurde hier eine – für Möwen sicher nicht verständliche – Nachricht übermittelt. Auf dem Umweg über Schriftzeichen oder *Symbole* würde sie jedem, der des Deutschen mächtig ist, den Hinweis auf Nahrung geben und möglicherweise sogar das Wasser im Mund zusammenlaufen lassen. Auch hier können wir von intendierter Kommunikation sprechen, selbst wenn der Sender der Nachricht (der Händler, der das Schild aufgestellt hat) und ihr Empfänger (ein Mensch, der das Schild liest) nicht gleichzeitig zugegen sind. Der Ruf eines Marktschreiers „Fangfrische Krabben!" dagegen kann Sender und Empfänger der Nachricht nur dann in Verbindung bringen, wenn beide gleichzeitig anwesend sind, ansonsten verhallt die Nachricht ungehört.

Unabhängig davon, ob die Botschaft „fangfrische Krabben" über geschriebene oder gesprochene Sprache mit Symbolen übermittelt wird, setzt das Verstehen der Mitteilung die Kenntnis der deutschen Sprache voraus. Und wer die Worte zwar lesen oder hören kann, aber Krabben nicht kennt, weiß immer noch nicht, was die Worte bedeuten.

Die Notwendigkeit, sich gegenseitig etwas mitzuteilen, entsteht erst durch das Zusammenleben in einer Sozialgemeinschaft. So geben zum Beispiel die Mitglieder eines Bienenvolkes durch ihre „Schwänzeltänze" Informationen über Himmelsrichtung, Entfernung und Ergiebigkeit von Nahrungsquellen weiter. Vögel warnen sich mit charakteristischen Rufen gegenseitig vor der Anwesenheit einer Katze, die es möglicherweise auf sie abgesehen hat. Dass auch zwischen Mensch und Tier Nachrichten ausgetauscht werden, ist jedem vertraut, der in Gemeinschaft mit Haustieren lebt – intendiert, wenn man seinen Hund oder seine

Hühner herbeiruft, nicht intendiert, wenn sich beim an die Familienmitglieder gerichteten Ruf „Essen kommen!" die Katze gleich mit einfindet. Wenn in der Sozialgemeinschaft kommuniziert wird, geht es häufig um das Mitteilen von Ereignissen, Erfahrungen, Absichten und – beim Menschen – von Gedanken und Wünschen.

Könnten denn auch maschinelle Systeme mit dem Menschen kommunizieren? Wer im Internet einen Dienst abruft und eine automatisch erzeugte E-Mail zur Antwort erhält, hat vielleicht manchmal den Eindruck, mit einer Maschine wie mit einer Person zu kommunizieren. Die Fernbedienung des Fernsehers erscheint uns dagegen eher als direktes Steuern der Bedienelemente, jedoch werden auch hier Signale übertragen, die empfängerseitig „verstanden" werden. Wer das charakteristische Geräusch beim Aufbau einer Faxverbindung hört, ahnt möglicherweise nicht, dass hier eine Verständigung über eine Übertragungsform erfolgt, bevor die eigentliche Nachricht übertragen wird. Ein Haushaltsroboter, den man zu einer Arbeit herbeirufen und anweisen kann, könnte vielleicht eines Tages an der Gemeinschaft mit Menschen teilhaben. Dazu brauchte der Roboter allerdings eine Form „künstlicher Intelligenz", nicht zuletzt damit Menschen sich mit ihm über seine Aufgaben verständigen könnten.

Kommunikation und Intelligenz

Nach dieser Einstimmung kommen wir nun auf die zentralen Themen des Buches zu sprechen. Beginnen wir mit „Kommunikation". Dieses Wort leitet sich von dem lateinischen Begriff für „Mitteilung" (*communicatio*) ab und wird in der Anthropologie, also der Lehre vom Menschen, als Informationsaustausch zwischen Personen verstanden. Oft meint man damit auch – etwas spezieller – die wechselseitige, weitgehend beabsichtigte Informationsübertragung zwischen mindestens zwei Partnern. Mit Blick auf die vielfältigen Formen der Verständigung zwischen Tieren ist der Begriff aber deutlich weiter zu fassen. Und auch für den Informationsaustausch zwischen Menschen und maschinellen Systemen ist heute der Begriff „Kommunikation" gängig, insofern hier Bedeutungsinhalte durch geeignete Signale übermittelt werden.

Was ist Kommunikation aber genauer? Welche Intelligenzfähigkeiten erfordert sie? Wie kann sie erfolgreich sein, möglicherweise sogar zwischen verschiedenen Spezies? Mit diesen Fragen werden wir uns eingehender beschäftigen. Dazu soll einerseits die Kommunikation bei Menschen und Tieren als Informationsaustausch zwischen Artgenossen unser Thema sein. Andererseits soll auch die Möglichkeit der Kommunikation zwischen verschiedenen Spezies betrachtet werden – nicht zuletzt mit dem Blick auf die Verständigung zwischen Mensch und Maschine.

Neben der sprachlichen Kommunikation spielt dabei die nonverbale Kommunikation eine wichtige Rolle, also das Aussenden und Empfangen von Signalen, die durch die Gesichtsmuskulatur (Mimik), durch Arme und Hände (Gestik), aber auch durch Bewegungen des ganzen Körpers entstehen. Die Symbolsprache des Menschen kann, wie beim Schild FANGFRISCHE KRABBEN, Bedeutungsinhalte losgelöst vom jeweiligen Partner und Handlungszusammenhang vermitteln. Dagegen ist die nonverbale Kommunikation, zum Beispiel über Mimik und Gestik, stets an die aktuelle Situation gebunden. Dies gilt ebenfalls für die gesprochene Sprache, die oft von Gesten unterstützt wird („Gib mir *das* da!"). Damit solche unterschiedlichen Modalitäten – wie das Sprechen und eine Zeigegeste – zusammengeführt werden können, ist es notwendig, dass die Beteiligten die aktuelle Situation mit Ohren und Augen ganzheitlich wahrnehmen und in ihrem Wissenssystem gemeinsam verarbeiten.

Vieles davon läuft unter der Oberfläche der bewussten Wahrnehmung ab. Es lohnt deshalb, diese Vorgänge besser zu verstehen und das vielschichtige kommunikative Geschehen bewusster zu erfassen, das unsere alltäglichen Begegnungen, aber auch diejenigen anderer Akteure, beispielsweise die von Tieren, prägt. Kommunikative Fähigkeiten in diesem Sinne sind daher auch Eigenschaften, mit denen wir Maschinen ausstatten müssen, wenn wir mit ihrer Hilfe unsere Probleme leichter lösen wollen.

Damit ziehen sich zwei verschiedene Themenstränge durch das Buch: Zum einen, wie funktioniert Kommunikation und was geschieht dabei in unserem Gehirn, aber auch in unserem Körper? Zum anderen die Frage, wie können wir mit Maschinen effizienter kommunizieren und was ist dazu an technischer Entwicklung vonnöten? Eine Gesellschaft, die sich anschickt, „intelligente" Maschinen in die Lebenswelt des Menschen zu integrieren, kommt nicht umhin, sich diesen Fragen zu stellen. Auch mit der daraus erwachsenden grundsätzlichen Frage, ob wir hoffen dürfen, dass Maschinen zu verständigen und hilfreichen Partnern werden, oder ob wir uns davor fürchten müssen, dass sie unser Leben bestimmen, wird sich dieses Buch auseinandersetzen.

2
Roboter und virtuelle Wesen

„Diese genial konstruierte Denkmaschine läßt in der Schnelligkeit ihrer Arbeit die Leistungen des menschlichen Gehirns
weit hinter sich. Schon allein durch die überdimensionale
Leistung ihrer 12 500 Elektronen-Röhren, die wie die Zellen
eines Gehirns zusammenarbeiten, eröffnet dieses Gerät, das wie
jede andere Maschine von Menschengeist ersonnen wurde, dem
an technische Wunderdinge gewöhnten modernen Menschen
Perspektiven, vor denen er erschauert. Doch nicht allein die
ungeheure Schnelligkeit der Arbeit dieses rechnenden Roboters
ist entscheidend; es ist durch die Konstruktion dieser Maschine
etwas Ungeheuerliches, Unheimliches und Dämonisches geschehen: die Maschine denkt."

Die Roboter sind unter uns, so lautete bereits 1952 der Titel eines Buches von Rolf Strehl, dem obiges Zitat entnommen ist. Mit Pathos entwarf der Autor das Bild einer kommenden Gesellschaft, in der Roboter zum Alltag gehören. Die Faszination des mechanischen Menschen scheint uns beinahe in die Wiege gelegt, wie beispielsweise Roboterzeichnungen in den Heften von Schulkindern verdeutlichen.

Durch beinahe tägliche Berichte in Presse und Fernsehen wird unsere Gesellschaft auf ein Zusammenleben mit Robotern eingestimmt. Der kindgroße Honda-Robot Asimo suggeriert mit menschenähnlichem Auftritt, dass Roboter in der Umgebung des Menschen keine Utopie mehr sind. Mit dem Roboterhund Aibo hat Sony sie auf spielerische Weise salonfähig gemacht, als Hausgenossen, die sich selbstständig bewegen, auf ihre Umgebung reagieren und daraus lernen. Das Robbenbaby Paro aus Japan, ein lernender Computer im Körper eines Kuscheltiers, kommt bereits in europäischen Kliniken und Pflegeheimen zum Einsatz. Im Internet begegnen dem potenziellen Kunden menschenähnliche virtuelle Wesen, in höhlenartigen Großprojektionen der virtuellen Realität treffen wir sie gar in Lebensgröße. Mit dem Androiden Data in Gene Roddenberrys Fernsehserie *Star Trek: The Next Generation* oder dem holographischen Doktor in *Star Trek: Voyager* sind künstliche Wesen in der Gemeinschaft mit Menschen für viele von uns längst vorstellbar geworden. Und nicht nur das, sie haben sogar eine große Fangemeinde.

Dass der Gründungsvater der industriellen Robotik in den USA, Joseph Engelberger, Roboter zu seiner Lebensaufgabe machte, führt er auf die Geschichten seines Studienkollegen Isaac Asimov zurück. Doch ging es ihm keineswegs nur darum, die Einfälle des bekannten Science-Fiction-Autors in die Praxis umzusetzen, sondern er wollte auch Maschinen bauen, die einen wirtschaftlichen Nutzen für den Menschen erbringen. Viele Jahrzehnte später konnte Engelberger sich vorstellen, dass kommunikationsfähige humanoide Roboter einst geduldige Helfer für zuwendungsbedürftige alte Menschen werden.

Die Vision eines „Altenroboters" haben zwei amerikanische Autoren, Edward Feigenbaum und Pamela McCorduck, schon vor geraumer Zeit vorgestellt (in ihrem 1984 erschienenen Buch *Die Fünfte Computer-Generation*). Am renommierten MIT, dem Massachusetts Institute of Technology in Boston, begann in den 1990er-Jahren eine Forschergruppe um die Kommunikationswissenschaftlerin Justine Cassell mit der Entwicklung „virtueller Menschen", welche – in Kindgestalt auf einen Großbildschirm projiziert – aufmerksame Zuhörer für großelterliche Erzählungen abgeben sollen. Inwieweit ein solches Angebot auch Abnehmer fände, wird die Zukunft zeigen.

Der 1932 erschienene Roman *Schöne neue Welt* von Aldous Huxley vermittelte dem Leser das Bild einer Zukunftsgesellschaft, deren jugendliche Mitglieder auf ihre spätere Funktion „genormt" werden. So sollten sie an Arbeitsbedingungen angepasst werden, die nach normalem Maß unmenschlich sind. Eine erschreckende Utopie. Ein alternativer Entwurf sind heute „intelligente" Roboter, die dem Menschen unzumutbare Arbeit abnehmen sollen, zum Beispiel in lärmüberlasteten Umgebungen oder bei der unappetitlichen Sortierung von Recyclingmüll. Mit einem gewissen Unbehagen fragt man sich, ob nicht selbst eine solche Arbeit – und damit die Chance eines sinnvollen

Beitrags für die Gesellschaft – den Menschen vorbehalten bleiben soll. Denn wenn Roboter beginnen, unsere Arbeit zu erledigen, könnte das den Menschen irgendwann entbehrlich machen.

Die mit „denkenden Maschinen" aufkommenden Möglichkeiten lassen jedenfalls Veränderungen der Alltags- und Arbeitswelt erwarten. Es wird nicht mehr allein darum gehen, ob technische Systeme intelligente Funktionen haben, sondern auch darum, ob sie – ausgestattet mit künstlicher Intelligenz – als selbstständig operierende „Partner" in den Alltag des Menschen eintreten. Die Berichte in den Medien bewegen sich zwischen euphorischen Zukunftsvisionen und den uralten Ängsten vor der künstlichen Kreatur. Wie kaum ein anderes Fach provoziert die Künstliche Intelligenz leidenschaftliche Diskussionen in Wissenschaft und Öffentlichkeit. Worin läge dann noch der prinzipielle Unterschied zwischen den kognitiven Fähigkeiten von Mensch und Maschine? Wie wäre der Umgang mit „künstlichen Intelligenzen" zu gestalten, selbst wenn die jetzige Realität noch weit hinter den Fiktionen zurückbleibt?

Technik für den Menschen

Maschinelle Systeme sollen dem Menschen dienen. Wozu sonst sollten wir sie benötigen? Jedoch wird bei der gewachsenen Komplexität heutiger Technik die Kommunikation mit der Maschine immer schwieriger. Wird sich die Kluft zwischen dem überreichen Angebot an Technik für den Menschen und ihrer zuweilen schier unmöglich scheinenden „Bedienung" durch künstliche Intelligenz verringern lassen? Könnten wir gar eines Tages auf kommunikationsfähige Maschinen treffen, die verstehen, was wir von ihnen wollen, und die Rolle eines verständigen Helfers einnehmen?

Für viele von uns sind Avatare – computergraphisch animierte virtuelle Repräsentanten erlebnishungriger Menschen im Cyberspace – keine Science-Fiction mehr. Im Internet vollzieht sich bereits eine rasante Entwicklung virtueller Welten, in denen Programme mit Nutzern interagieren. Auf den Internetseiten von Bekleidungsherstellern kann man sich sein virtuelles Spiegelbild erschaffen und ein Wunschoutfit in der persönlichen Umkleidekabine online „anprobieren". Anderswo bieten plaudernde Comicfiguren ihre Dienste als Webguide an. Mögen diese Beispiele vermenschlichter Schnittstellen für den Dienst am Kunden heute noch unzureichend sein, so verbirgt sich dahinter doch die Einsicht, dass die immer komplexer werdenden Informationsangebote ihre potenziellen Nutzer vielfach überfordern. Deshalb will man den Mensch-Maschine-Dialog an die kommunikativen Möglichkeiten und Vorlieben des Menschen anpassen.

Im Gebiet Künstliche Intelligenz wird erforscht, wie sich Systeme konstruieren lassen, die ihre Umgebung wahrnehmen wie der Mensch, daraus Schlussfolgerungen ziehen und in ihrer Umgebung angepasst handeln können. Ein Ziel ist die Verbesserung der Mensch-Maschine-Kommunikation durch künstliche Intelligenz – durch Systeme mit menschenähnlichem Verhalten. Es wäre viel gewonnen, wenn uns im Umgang mit komplexer Technik ein Ansprechpartner zur Verfügung stünde, dessen Umgangsformen denen des Menschen gleichen. Dann nämlich bestünde ein für den Nutzer gewohnter Kontext, in dem der Dialog mit der Maschine wie die alltägliche Kommunikation mit anderen Menschen strukturiert und leichter fasslich gestaltet werden kann.

Aber was braucht man überhaupt, um eine Maschine – ob Roboter oder virtuelles Wesen – mit kommunikativen Fähigkeiten auszustatten? Eine erfolgreiche Kommunikation kann nur stattfinden, wenn die Kommunikationspartner in der Lage sind, die aktuelle Situation zu erfassen und flexibel zu reagieren. Das erfordert auf beiden Seiten nicht nur bestimmte geistige (kognitive) Fähigkeiten, sondern auch die Möglichkeit, sich mitzuteilen, zum Beispiel durch sprachliche Äußerungen. Mehr noch ist beim Menschen die Kommunikation von Angesicht zu Angesicht einzigartig an den menschlichen Körper gebunden. Insbesondere das Zusammenspiel von Sprache mit Gestik und Mimik erlaubt eine zuverlässige, unmittelbare Verständigung. Will man ein technisches System entsprechend ausstatten, braucht es daher einen Körper.

Es ist somit kein Zufall, dass heute nicht nur Roboter, sondern auch unsere Kontaktpartner im virtuellen Raum nach dem Bild des Menschen konstruiert werden. Das kommt sicherlich unserem Bedürfnis entgegen, das Gegenüber erfahrbar zu machen und die uns gewohnten Kommunikationsformen umfassend zu nutzen. Virtuelle Wesen mit einem sichtbaren Körper und Fähigkeiten der Kommunikation sind also mehr als nur eine schöne Hülle für das technische System. Sie bieten für den Nutzer auch die Voraussetzung für eine natürliche und unkomplizierte Verständigung.

„Hallo, ich bin Max"

„Hallo, ich bin Max, was kann ich für Sie tun?" Eine freundliche Begrüßung, noch dazu mit einem Hilfsangebot, wird wohl von jedem gern angenommen. Wäre es nicht angenehm, wenn wir auch im virtuellen Raum der Zukunft von einem freundlich lächelnden Assistenten begrüßt würden? Der zudem noch Kenntnis von seiner Umgebung hätte und über die Fähigkeit verfügte, als „Ansprechpartner" des technischen Systems bestimmte Leistungen zu vermitteln und uns dabei zu begleiten und zu assistieren?

An der Universität Bielefeld wurde in vieljähriger Arbeit ein solcher künstlicher Ansprechpartner entwickelt. In der virtuellen Realität einer computergraphischen Großprojektion ist er in menschenähnlicher Gestalt verkörpert. In seiner virtuellen Welt kann er bestimmte Aktionen ausführen und darüber einen Dialog mit seinen Besuchern führen. Zum Beispiel hilft er beim Zusammenbau kleiner Fahrzeug- und Flugzeugmodelle aus den Teilen eines Baukastens, die in dreidimensionaler Darstellung als virtuelle Objekte auf einem virtuellen Tisch vor uns liegen; es handelt sich also um eine Computersimulation. Er sagt zum Beispiel „Jetzt nimm diese Schraube und stecke sie in diese Leiste" und zeigt dabei auf die entsprechenden Bauteile. Umgekehrt kann er auch unser Sprechen und Zeigen wahrnehmen – ein echter Ansprechpartner, der sogar ein kleiner „Experte" im Modellbau ist.

Weil sich unser Maschinenwesen „multimodal" – mit Sprache, Gestik und Mimik – äußern kann und sich zudem mit der „Assemblierung", das heißt dem Zusammenbau virtueller Objekte auskennt, haben wir es MAX (**M**ultimodaler **A**ssemblierungse**X**perte) getauft. Die Abbildung am Anfang des Kapitels zeigt Max mit freundlichem Lächeln und einer Handgeste, mit der er die Positionierung eines Bauteils andeuten und mit einer synthetischen Stimme etwas dazu sagen kann. Es ist nicht unser Anliegen, Max dem Menschen zum Verwechseln ähnlich zu gestalten, es soll immer klar sein, dass es ein künstliches Wesen ist, mit dem man dort interagiert. Doch soll es die dem Menschen vertrauten Formen der Kommunikation zeigen, uns beim Sprechen und Zuhören ansehen, sich einer natürlich wirkenden Gestik bedienen, vielleicht verständnislos schauen, wenn es uns nicht versteht, und warten, bis wir ausgeredet haben, bevor es selbst zu sprechen beginnt.

In diesem Buch wird Max uns immer dann begegnen, wenn wir uns fragen, wie man verschiedene kommunikative Fähigkeiten künstlich erzeugen kann. In der Forschung dient Max so als Modell, an dem wir durch die Entwicklung und den Test künstlicher Kommunikation detaillierte Einblicke in das Funktionieren menschlicher Kommunikation gewinnen. Zugleich ist Max aber auch ein Modell, an dem nicht nur der Forscher, sondern auch eine größere Öffentlichkeit eine Vorstellung davon gewinnt, wie ein partnerschaftliches künstliches Wesen in der Zukunft aussehen könnte. Dass Max schon jetzt „salonfähig" ist, hat er damit unter Beweis gestellt, dass er seit vielen Jahren in einem Computermuseum als Museumsführer auftreten darf. Hierüber später mehr.

3

Ausdruck in Gesicht und Stimme

„„Tag, Olivier', sagte de Gier zu seinem Siamkater, der auf seinen Beinen lag und schlief, den Kopf breit und mit einem zufriedenen Halbgrinsen hingelegt. Olivier gab ein verschlafenes Piepsen als Antwort."

Das zufriedene Gesicht (das Janwillem van de Wetering in seinem Kriminalroman *Outsider in Amsterdam* beschreibt) habe ich an unserer Katze selbst oft beobachtet. Mehr zufällig rührt es wohl von der Kopfhaltung her, durch die die Mundfalten in einer bestimmten Form sichtbar werden.

Doch wenn ein Hund den Kopf schief legt, ein Ohr aufstellt und die Augen auf seinen Menschen richtet, sind Hundehalter überzeugt, dass ihr Haustier ihnen etwas mitteilen will. Die Auslegung einer solchen Haltung als „Ansprache" lässt sich mit der individuellen Vorgeschichte zwischen Mensch und Tier erklären, doch mag der hergestellte Augenkontakt für eine Absicht des Haustiers sprechen.

Das biologische Kommunikationssystem wartet mit einer Fülle von Ausdrucksmöglichkeiten auf. Viele davon sind nichtsprachlich: Die Mimik des Gesichts, der fröhliche oder weinerliche Klang einer Stimme, beide teilen uns etwas mit, vermitteln Botschaften über die innere Disposition eines Wesens, die wir deuten können. Der Ausdruck von Emotion ist nicht nur dem Menschen vorbehalten, sondern hat sich in der Evolution herausgebildet. Das ist die Kernbotschaft des von Charles Darwin im 19. Jahrhundert verfassten Werks *Der Ausdruck der Gemütsbewegungen bei dem Menschen und den Tieren*. Mit dem Vergleich der Ausdrucksformen bei Menschen und Tieren wollte Darwin aufzeigen, dass Menschen keine einzigartige Spezies sind, und damit seine Evolutionstheorie untermauern. Zum Beispiel zeigt die Abbildung einer Katze in zwei verschiedenen Posen – „bös und zum Kampf bereit" und „in zärtlicher Stimmung" –, dass Körperhaltung, Ohrenstellung und Gesicht eines Tieres Botschaften vermitteln, die anderen etwas mitteilen, etwa bevorstehendes aggressives Verhalten. Dass dies auch für das Miteinander von Mensch und Tier nützlich ist, weiß jeder, der gelernt hat zu erkennen, wann man eine Katze besser nicht streichelt.

In Darwins Buch erfährt der Leser auch vom schuldbewussten Blick, den Menschen zuweilen zeigen. So beschreibt

Darwin, wie er einmal bei einem seiner Kinder, etwa zweieinhalb Jahre war es alt, einen Ausdruck der Schuld beobachtet hat. Der Gesichtsausdruck des Kindes „mit unnatürlich strahlenden Augen und affektiertem Blick" schien ihm so bezeichnend, dass er der Sache nachging und entdeckte, dass das Kind vom Puderzucker genascht hatte.

Mimik und Emotion

Ob auch Tiere schuldbewusst blicken können – dazu gehörte wohl eine Selbstbewertung ihres Tuns und Bewusstsein in irgendeiner Form –, ist für die Wissenschaft sicherlich eine schwierige Frage. Wenn unsere Katze auf eine bestimmte Weise den Kopf hielt und mich mit halbgeschlossenen Augen anblinzelte, dann konnte ich darauf wetten, dass in irgendeiner Ecke ein Malheur passiert war. Nun gehört das Auswürgen verschluckter Haarbüschel oder das Setzen von Duftmarken im Zustand der Rolligkeit zu den bei Katzen normalen und von verständnisvollen Menschen akzeptierten Dingen. Dennoch schien mir, dass unsere Katze die Umstände ahnte, die es uns machen würde und die zuweilen von emotionalen Reaktionen unsererseits begleitet wurden. Und zu dieser „Ahnung" gehörte auch ein bestimmter Blick.

Bei Affen sind ausdrucksvolle Gesichter an der Tagesordnung. Schimpansen können ein „Spielgesicht" machen (*open mouth display*); es wird als Vorläufer des Lachens verstanden. Ihr „Furchtgrinsen", mit leicht gebleckten Zähnen, gilt als Ursprung des Lächelns, das uns beim Menschen in vielen Nuancen vertraut – und verständlich – ist. Ein Vergleich der Gesichtsausdrücke von Mensch und Schimpanse zeigt aber, dass Menschen über eine stärker ausgeprägte Mimik verfügen, obwohl oder vielleicht gerade weil wir auch eine Wortsprache haben, mit der wir uns differenziert mitteilen können. Unser Sprechen wird von vielfältigen Gesichtsausdrücken begleitet, die nicht nur von den Mundbewegungen, sondern auch von den Stimmungen hervorgerufen werden, in denen wir uns gerade befinden.

Oft nehmen Zuhörer diese Begleitbotschaften im komplexen Zusammenspiel der Gesichtsmuskeln – in dem sich verschiedene Emotionen wie Angst, Freude, Trauer, Ärger, Überraschung oder auch Ekel und Abscheu ausdrücken können – eher unbewusst wahr. Auch feinere Botschaften, so erläutert es Darwins Buch, kann unser Gesicht vermitteln, etwa das erwähnte Schuldbewusstsein, schlechte Laune, Schmollen, Ablehnung oder auch Nachdenklichkeit.

Jeder von uns kennt das aus eigener Beobachtung: Wir sehen eine Person, die in Gedanken versunken ist. Sie runzelt die Stirn nicht, eher sind die Augenlider leicht zusammengezogen. Die Augen sind nicht auf etwas fixiert, sie schauen durch uns hindurch, die Sehachsen scheinen etwas auseinanderzulaufen – was in der Tat an der Erschlaffung bestimmter Augenmuskeln liegt – und bei geneigtem Kopf sind die Augen etwas aufwärts gedreht. Wir sprechen vom nachdenklichen Blick. Wird man beim Nachdenken gestört oder stößt man auf ein Hindernis, runzelt man die Stirn; dabei ziehen sich die Augenbrauen zusammen und verursachen charakteristische Falten über der Nasenwurzel. Wir versuchen Störeinflüsse gleichsam auszublenden, ähnlich wie sich das Auge vor zu grellem Licht schützt – die ursprüngliche biologische Funktion des Augenbrauenrunzelns. Die Stirn runzeln wir auch, wenn jemand etwas sagt, das uns nicht gefällt. Das heißt, wir schotten uns innerlich ab. Weil das Abschotten jedoch äußerlich sichtbar wird, setzen wir – meistens unbewusst – ein kommunikatives Signal, das anderen auffällt: „Du schaust so finster, dir gefällt wohl nicht, was ich sage."

Im Nachwort zur kritischen Edition von Darwins Buch über die Gemütsbewegungen stellt der Psychologe Paul Ekman die kommunikative Funktion der menschlichen Gesichtsausdrücke heraus, die auch unsere geheimsten Gefühle nach außen tragen können:

> „Emotionale Ausdrucksformen sind äußerst wirksam; wir trauen ihnen gerade deshalb, weil sie unbeabsichtigt sind. […] Natürlich gibt es Situationen, in denen wir solche Ausdrucksformen bewußt zu sozialen Zwecken einsetzen, um Zustimmung oder Ablehnung zu signalisieren, oder gar, um zu verbergen, was wir in Wahrheit empfinden […], aber es kommt dann zu dem, was ich als Durchsickern bezeichnet habe."

Mit dem „Durchsickern" macht Ekman, dessen Theorie auch mit der Fernsehserie *Lie To Me* („Lüg' mich an") Bekanntheit erlangt hat, auf einen wichtigen Punkt aufmerksam: Wir können unsere wahre Einstellung eventuell im Wort, aber kaum in der Mimik zurückhalten. Ein Beispiel ist das aufgesetzte Lächeln: Wir meinen, freundlich sein zu müssen, sind aber gar nicht dazu aufgelegt, ziehen die Mundwinkel aufwärts, doch das Lächeln wirkt unecht. Woran liegt das? Die Augen lächeln nicht mit! Denn beim echten Lächeln ziehen wir unwillkürlich die Ringmuskeln um die Augen zusammen, wodurch sie außen Fältchen und eventuell sogar – durch Einwirkung der Muskeln auf die Tränendrüsen – Glanz erhalten können. Das wirkt ganz anders als das aufgesetzte Lächeln.

Wer solche Botschaften bewusst zu interpretieren lernt, ist nicht so leicht zu täuschen. Wie die menschliche Gesichtsmuskulatur unsere Mimik in Aktion versetzt, wird in Kapitel 7 noch genauer betrachtet. Doch soll hier schon der Zusammenhang von Mimik – äußerlich – und Emotion – innerlich – zur Sprache kommen.

Ein Lächeln steckt an, sagen wir, es beeinflusst unsere Stimmung. Auch das kennen Sie sicher aus eigener Beobachtung: Es lächelt Ihnen jemand zu, vielleicht kennen Sie die Person gar nicht, und doch verziehen Sie Ihr Gesicht unwillkürlich ebenfalls zum Lächeln. Das funktioniert bereits im frühesten Sozialkontakt mit Babys, wir nehmen ein zufälliges Lächeln des Babys auf und spiegeln es umgehend zurück – ein Hinweis auf die fundamentale soziale Rolle des „Ansteckens". Man nimmt an, dass spezielle Nervenzellen unseres Hirns, sogenannte Spiegelneuronen, dafür verantwortlich sind. Und wir empfinden auch die mit dem Lächeln verbundene Stimmung, das Lächeln berührt unser Inneres.

Aber mehr noch, die Verbindung funktioniert auch, wenn Sie mit sich allein sind. Verziehen Sie einmal Ihr Gesicht zum Lächeln. Oder blicken Sie „finster", indem Sie die Augenbrauen zusammenziehen und die Stirn runzeln – spüren Sie etwas? Jetzt lockern Sie die Brauen und spüren Sie, wie die Spannung schwindet. Das ist eine wichtige Beobachtung, denn sie lässt annehmen, dass sich nicht nur unsere Stimmungen in der äußerlich sichtbaren Mimik niederschlagen, sondern dass sich umgekehrt auch der außen aufgesetzte Gesichtsausdruck nach innen auf unser Befinden auswirkt.

Doch ist es auch objektiv so? Der Mediziner und Humanethologe Wulf Schiefenhövel vom Max-Planck-Institut in Andechs schildert ein Experiment, das der erwähnte Paul Ekman mit seinem Team durchgeführt hat. Schauspieler erhielten die Anweisung, ihr Gesicht in bestimmter Weise zu bewegen, zum Beispiel: „Ziehe die Mundwinkel nach unten, ziehe die Augenbrauen zusammen, schiebe die Unterlippe vor." Dabei wurden ihre Herzfrequenz und ihre Hauttemperatur gemessen; sie gelten als Maß für die emotionale Erregung. Erstaunlich war zunächst, dass die Probanden, als man sie fragte, was sie dabei fühlten, über die zu den aufgesetzten Gesichtern passenden Emotionen berichteten – im obigen Beispiel Trauer, bei aufwärts gezogenen Mundwinkeln hingegen Freude. Aber auch die Messungen spiegelten das wieder: Bei Trauer und Freude stiegen Herzfrequenz und Hauttemperatur an; beim „Ekelgesicht" – gekennzeichnet durch den Gesichtsausdruck, den man kurz vor dem Erbrechen hat – fielen sie ab, was auch geschieht, wenn man sich übergeben muss.

Ganz offensichtlich besteht eine Kopplung zwischen Mimik und Emotion: Gesichtsausdrücke können Gefühle erzeugen, bei uns selbst und bei anderen. Ich finde kaum etwas schöner, als einen missgelaunten Menschen mit meinem Lächeln anzustecken, oder umgekehrt dasselbe zu erfahren, wenn ich einmal schlechter Stimmung bin. Der bewusste oder unbewusste Einsatz dieser Fähigkeit kann im täglichen Miteinander vieles zum Vorteil (manches leider auch zum Nachteil) bewirken.

Schlundschnürer, Bauchpresse & Co

Nicht nur unser Gesicht, auch die Stimme ist ein kommunikatives Wunderwerk der Natur. Der akustische Ausdruck, der unser Sprechen begleitet, übermittelt viele weitere Signale, die die Bedeutung der gesprochenen Worte unterstreichen oder modifizieren. Unsere Stimme kann etwa energisch oder verhalten, fröhlich oder traurig, klar oder gepresst, zärtlich oder wütend, jubelnd oder panisch klingen. Alles, was wir artikulieren, wird von der Lautmelodie untermalt – leiernd oder lebhaft, leiser oder lauter.

Für den Ton sind in erster Linie die Stimmlippen zuständig, die im Kehlkopf (wie bei einem kleinen Mund) den Rand der Stimmritze bilden. Von innen können die Kehlkopfmuskeln Lage, Spannung und Länge der Stimmlippen verändern. Dadurch wird die Stimmritze geöffnet und geschlossen, und zwar so, dass beim „Anblasen" der Stimmlippen ein gleichmäßiger Ton entsteht. Ob der Ton höher oder tiefer klingt, wird durch Strecken oder Lockern der innen an den Stimmlippen verlaufenden Stimmbänder reguliert. Wenn Sie gelernt haben, mit zusammengepressten Lippen wie im Mundstück einer Trompete verschieden hohe Töne zu erzeugen, haben Sie ein gutes Modell für die Funktion der Stimmlippen.

Bei besonders tiefen Tönen wird der Kehlkopf abgesenkt, das spürt man, wenn man einen tiefen Ton summt. Diese Aufgabe übernimmt einer der Muskeln, mit denen der Kehlkopf im Hals aufgehängt ist. Für sehr hohe Töne kann der Kehlkopf mit einem anderen Muskel nach oben gezogen werden. Zwei weitere Muskeln bilden, treffend benannt, den unteren „Schlundschnürer": Wenn der zum Einsatz kommt, zieht er den Kehlkopf rückwärts zum Rachen und unsere Stimme wirkt rau und gepresst – nicht nur wie bei Ärger oder Wut („Na warte, Bürschchen!"), sondern zum Beispiel auch, wenn wir uns mit heiserer Stimme begeistern („Ey, super!").

Kein Laut käme aber heraus ohne die Atmungsmuskeln. Dazu gehören vier verbundene Bauchmuskeln – die „Bauchpresse". Zieht diese sich zusammen, verkleinert sie den Bauchumfang und presst Luft aus den Lungen. Unterstützt wird dieser Vorgang durch das Verengen des Brustkorbs mit den Zwischenrippenmuskeln. Dass dabei die Luft zum Kehlkopf gelangt und nicht nur zwischen Bauch und Brust hin- und hergeschoben wird, ist dem koordinierten Einsatz der inneren und äußeren Zwischenrippenmuskeln zu verdanken.

Um artikulierte Laute zu erzeugen, treten außerdem die Muskeln in Mund und Rachen in Aktion. Sie modulieren beispielsweise den im Kehlkopf erzeugten Grundton durch Veränderung der Resonanz; so erzeugt man zum Beispiel die verschiedenen Vokale. Andere Laute, wie „s" oder „c", werden überhaupt erst im Mund-Rachen-Raum gebildet. Viele Muskeln spielen hier zusammen: Die Lippenmuskeln formen die Austrittsöffnung des Mundes – spitzen Sie einmal den Mund zum „u" –, die Kiefermuskeln weiten die Mundöffnung, wenn wir zum Beispiel „ah" sagen, die Gaumensegelmuskeln bestimmen, wie nasal oder quäkend ein Laut klingt, und die Zungenmuskeln erst lassen uns differenzierte Sprechlaute formen.

Die für die Steuerung zuständigen Nervenzellen (die sogenannten phonatorischen, also tonerzeugenden Motorneurone) liegen weit verstreut im Zentralnervensystem. Sie alle müssen zusammenspielen, damit die vielen Muskeln für das Sprechen und den Ausdruck der Stimme eine bestimmte Lautstruktur erzeugen. Nach diesen Beschreibungen lässt sich erahnen, wie komplex die Steuerung von Sprache und ihrem akustischen Ausdruck durch das Gehirn sein muss. Das hat der Neurobiologe Uwe Jürgens, dem die obigen Einblicke zu verdanken sind, über viele Jahre am Deutschen Primatenzentrum in Göttingen erforscht – an Menschen und an Affen. Auch wenn Affen nicht zu artikulierten Worten fähig sind, gibt es doch erstaunliche Ähnlichkeiten zum emotionalen Stimmausdruck des Menschen; sie deuten auf gemeinsame stammesgeschichtliche Wurzeln hin. Affenlaute können etwa panisch, wütend, imponierend, jubelnd, ja sogar zärtlich klingen, und sie werden mit dem gleichen Stimmapparat erzeugt wie beim Menschen – mit Schlundschnürer, Bauchpresse & Co.

Wie eng der Ausdruck in Gesicht und Stimme miteinander verbunden ist, können wir im Umgang mit unseren Sozialpartnern täglich beobachten. Ein fröhliches Gesicht wird von einer fröhlichen Stimme begleitet. Hören wir am Telefon eine fröhliche Stimme, ist uns wahrscheinlich ein dazu passender Gesichtsausdruck gegenwärtig, besonders dann, wenn wir mit unserem Gegenüber aus häufiger Begegnung vertraut sind. Die mit Gesicht und Stimme übermittelten Signale kommen ganzheitlich – wie eine Sinfonie – zum Ausdruck, gesteuert durch ein komplexes kommunikatives System, das sich in unserem Körper zu einer Einheit zusammenfügt.

4

In der virtuellen Werkstatt

Wir ziehen Filzpantoffeln an und setzen 3-D-Brillen auf, die aussehen wie Sonnenbrillen mit hellen Gläsern. Zu fünft betreten wir vorsichtig den silbrig schimmernden Boden eines abgedunkelten, höhlenartigen Raums, knapp drei Meter breit und ebenso hoch. Auf Boden und Wänden zeigen leuchtende Schrifttafeln an, wo wir uns befinden: im Labor für Künstliche Intelligenz und Virtuelle Realität. Sechs versteckte Projektoren haben die Schriften dorthin projiziert. Im Halbdunkel erkennen wir eben noch, dass in allen Ecken schwarze Kameras montiert sind, Infrarot-Kameras, die mit unsichtbaren Lichtblitzen den Menschen und seine Bewegung erfassen. An beiden Händen trage ich schwarze Datenhandschuhe.

Es kann losgehen. „Schott eins und zwei auf!" Unter den Füßen spüren wir ein dumpfes Grollen, dann gleiten vor und neben uns die projizierten Wände hoch und wir schauen uns in einem weiten Raum um. In lila Oberteil und jeansblauer Hose kommt ein Kunstmensch auf uns zu, ein etwas kantiger Typ, mit akkurat anliegenden braunen Haaren. Mit seinen durchdringend blauen Augen scheint er uns zu fixieren. „Hallo, ich bin Max. Schön, Sie kennenzulernen!" Beim Sprechen schnellen seine Augenbrauen kurz nach oben und die virtuelle Haut seines Gesichts verzieht sich zu einem Lächeln.

Ich trete einen Schritt auf ihn zu. Mit freundlicher Geste streckt er mir seine rechte Hand entgegen, und ich ihm meine. Und sein Handschlag hat es in sich! In dem Moment, wo sich meine Hand und Max' computeranimierte Hand in der virtuellen Welt treffen, knistert es, und kleine blaue Blitze zucken. So heißt Max menschliche Besucher in seiner Welt willkommen.

Unterwegs mit Max

„Folgen Sie mir. Was kann ich Ihnen zeigen?", spricht er mit seiner dunkel tönenden Stimme und setzt sich vor uns in Bewegung, er wirkt ein wenig steif und ungelenk. Aber man möchte ihm fast die Hand auf die Schulter legen. Ob er es merken würde? Probieren wir es mal! Ich tippe Max auf die Schulter, und er dreht sich kurz um. Er spürt, dass ich da bin!

Wir folgen Max durch eine bunte Welt, vorbei an virtuellen Stühlen, Tischen und Regalen. In der Ferne sehen wir
einen offenen roten Wagen, zweisitzig, mit vier Rädern und
einem Motorradlenker. Ob Max den gebaut hat? „Schauen
Sie mal hier." Für einen Moment bleiben wir stehen. Ein
kleiner grauer Roboter auf vier Rädern kreuzt unseren Weg.
Max dreht sich um und geht jetzt zur anderen Seite weiter.
Unwillkürlich weichen wir ihm aus.

Wir kommen zu einem großen Tor. „Imitationsspiel"
steht als erhabener Schriftzug auf dem oberen Querbal-
ken. Ein virtuelles Gesicht und zwei Hände schweben im
Durchgang, auf gleicher Höhe mit meinen. „Hier können
Sie sich sogar spiegeln", hören wir Max sagen. Ich lege den
Kopf zur Seite, das Gesicht mir gegenüber bewegt sich in
dieselbe Richtung, die Hände spiegeln meine Handbewegungen ebenso wie das Gesicht meine Kopfbewegung. In
völliger Synchronität bilden sie meine Bewegungen eins
zu eins ab. Ein Mimikry, ein virtueller Spiegel für meine
Hand- und Kopfbewegungen!

Max wartet links vom Tor. „Ich kann auch versuchen, Sie
zu imitieren." Ich strecke ihm beide Arme entgegen, er tut
das Gleiche. Ich strecke meine rechte Hand aus, er seine.
Max macht die Bewegungen des Menschen nicht gleichzeitig mit wie beim Spiegelbild, sondern schaut sie zuerst an
und imitiert sie dann. Über seinem Kopf schweben ab und
zu Schriftzeichen durch die Luft; sie symbolisieren die Stellung der einzelnen Finger, die Position der Hände und ihre
Bewegung relativ zum Körper. Aus diesem Alphabet lassen
sich die Gesten aufbauen, die Max verwendet.

Fasziniert beobachten wir, wie das virtuelle Wesen von
Zeit zu Zeit mit den Augen blinzelt, sich am Kopf kratzt

oder den Schwerpunkt von einem Bein aufs andere verlagert. Sein Brustkorb hebt und senkt sich kaum merklich, als ob Max atmete. Plötzlich nörgelt er: „Mir ist langweilig." Also weiter! In einer Ecke bleiben wir stehen. Ein runder Tisch steht dort, an den Wänden hängen virtuelle Plakate. Max ist an den Tisch getreten und folgt uns mit den Augen. Jede meiner Bewegungen wird in der virtuellen Realität verrechnet. Wenn ich mich bücke, verändert sich das dreidimensionale Bild, ich sehe unter dem Tisch die Beine von Max und seine etwas klobigen Schuhe.

Ein Flugzeug wird gebaut

Auf dem Tisch liegen verschiedene Bausteine, zwei hölzerne Leisten mit drei Löchern drin und noch eine mit fünf Löchern, ein paar Schrauben mit farbigen Köpfen, ein roter Würfel mit Löchern auf allen Seiten und noch ein paar weitere Teile. Alles sieht ganz echt aus, aber als ich ein Teil nehmen will, greife ich ins Leere. Eine virtuelle Realität.

Ich strecke meine behandschuhte Rechte aus und zeige auf die nächstliegende Schraube. „Meinst du diese Schraube?", schallt die synthetische Stimme von Max aus den versteckten Lautsprechern, dabei zeigt er von gegenüber auf meine Schraube, den Zeigefinger gestreckt und die anderen Finger eingerollt.

Ich versuche es gleich noch einmal und zeige auf eine Leiste, die direkt vor Max liegt. „Meinst du diese Dreilochleiste?", kommt es zurück, dabei zeigt Max flüssig und geschickt auf die richtige Leiste. So geht es noch ein paar Mal, die Verständigung klappt wie am Schnürchen.

Aus den Bausteinen lässt sich angeblich ein Flugzeug zusammenbauen, aber wie macht man das genau? Fangen wir mit dem Propeller an. Ich spreche in das winzige Funkmikrophon, das an meiner Brille festgemacht ist: „Erkläre mir den Propeller." Prompt reagiert Max: „Ich erkläre dir jetzt, wie man einen Propeller baut." Er zeigt auf eine gelbe Schraube und dann auf eine der kurzen Leisten: „Stecke diese Schraube in diese Leiste."

Wie geht das, wenn ich die virtuellen Teile nicht anfassen kann? Vielleicht indem ich es Max tun lasse? Versuchen wir es: „Stecke die gelbe Schraube in die Leiste." Ich habe kaum ausgesprochen, da klackt die Schraube wie von Geisterhand in die Fünflochleiste, ganz außen. Offenbar berechnet die künstliche Intelligenz von Max, in unsichtbaren Computerschränken hinter der Wand, ob die Schraube in eine Leiste hineinpasst, und lässt es dann blitzschnell geschehen.

Aber Moment, kann der Propeller so funktionieren? Max meldet sich: „Die Aktion war falsch. Ich zeige es dir noch einmal. Stecke diese Schraube in diese Leiste." Diesmal habe ich genau hingesehen und formuliere die Instruktion klarer: „Stecke die gelbe Schraube in die Mitte der Dreierleiste." Jetzt hat es geklappt, die gelbe Schraube ist in die Dreilochleiste gehüpft und sitzt nun im mittleren Loch.

Max: „Ok. Und jetzt stecke diese Schraube in diese Leiste." Dabei zeigt er auf die Schraube, die in der einen Dreierleiste steckt, und auf die andere Dreilochleiste. Ich zeige auf die Mitte der freien Dreierleiste: „Stecke die gelbe Schraube da hinein." Und klack – die beiden Dreilochleisten liegen nun aufeinander, in der Mitte durch die Schraube zusammengehalten.

„Ok. Und jetzt drehe diese Leiste quer zu der anderen Leiste." Max kreuzt in der Luft seine beiden Hände gegeneinander, um es mir vorzumachen. Und ich: „Drehe die Leiste so herum." Dabei drehe ich den Zeigefinger über der Leiste. Ratsch, nun ist der Propeller richtig hingedreht. Max: „Super. Du hast soeben einen Propeller richtig zusammengebaut. Soll ich dir noch etwas zeigen oder erklären?"

Na klar: „Baue ein Leitwerk." Jetzt ist Max dran: „Ich zeige dir jetzt, wie man ein Leitwerk baut. Stecke diese Schraube in diese Leiste." Er zeigt wieder auf die Teile. Schon passiert, aber ich sage „Halt!" Max schaut auf und fragend zu mir herüber: „Ja bitte?" Während ich um den Tisch gehe, folgt Max mir abwartend mit den Augen. Ich schaue mir unser Bauwerk an, es scheint alles richtig zu werden: „Ok." Max fährt fort: „Stecke diese Schraube in diesen Block." Und schon geschieht es. „So, das Leitwerk ist richtig zusammengebaut."

Die Leichtigkeit der Kommunikation

So etwa könnte man in Zukunft auch ein virtuelles Fahrzeug als Prototyp bauen, überlege ich, wie den roten Wagen, den wir vorhin gesehen haben, und ohne dass man tatsächlich Material verbraucht, einen virtuellen Prototypen. Man könnte ihn ändern und wieder ändern, bis alles passt und er real gebaut werden kann.

Inzwischen läuft Max vor uns den Flur hinunter. Er ist schon bald zwanzig Schritte voraus. „Max!", rufen wir. Max dreht den Kopf über die Schulter zurück, als wollte er sagen „Kommt doch nach!". Wir treten – scheinbar – ins Freie hinaus, auf eine Aussichtsplattform. Trotz des hellen Lichts um uns sehen wir in die Tiefe eines schwarz-blinkenden Sternenhimmels hinaus. Ein überwältigender Eindruck.

Max steht die ganze Zeit zu unserer Linken. „Max!" Er schaut zu uns herüber, ein letztes Mal: „Schön hier, was? Danke, dass Sie mich besucht haben. Ich bleibe noch ein bisschen hier." Das würden wir auch gern. Es macht Spaß, mit Max, dem Werkstattassistenten, zusammenzusein und seine Kommunikationsfähigkeiten auszuprobieren, die bislang normalerweise nur Menschen haben.

Die Virtuelle Werkstatt ist eigentlich nichts anderes als eine Schnittstelle zwischen Mensch und Computer, eine besonders komfortable Art, mit dem Rechner zu kommunizieren. Statt sich mit Maus und Tastatur abzumühen, könnte sich der Mensch der Zukunft ganz zwanglos mit Max unterhalten und mit ihm zusammen in der virtuellen Welt werkeln. Einfach nur ein unspezifisches „Das da!" zu äußern und mit dem Finger auf ein Objekt zu zeigen, das ist die natürliche menschliche Art, sich zu verständigen.

5
Wie erzeugt man ausdrucksvolle Sprache?

„„Wir werden das gewünschte Ziel in Kürze erreichen‘, sagte
das Robotaxi mit der ausdruckslosen mechanischen Stimme,
mit der technische Geräte auf verbale Befehle zu reagieren
haben. Sutty begriff den Witz, konnte aber nicht lachen.“

In dieser kurzen Textpassage der amerikanischen Science-
Fiction-Autorin Ursula Le Guin sind gleich drei Visionen
über die Zukunft versteckt. Erstens, dass Roboterstimmen
nicht natürlich klingen; zweitens, dass das so sein muss; drittens, dass Roboter Witze machen. Für Sutty, eine junge Linguistin, die in der Geschichte *Die Erzähler* auf einer fernen

Planetenmission unterwegs ist, gehört der Dialog mit der Maschine zum Alltag. Dass sie die Ansage als Witz auffasst und nicht lachen kann, hat mit der chaotischen Taxifahrt zu tun, liegt jedenfalls nicht an der mechanischen Stimme. Vielleicht will man gar nicht, dass Roboterstimmen völlig natürlich klingen, aber selbst wenn man es wollte, wäre das nicht so einfach.

Synthetische Sprache hält bereits Einzug in unseren Alltag. Die Anwendungen reichen von automatischen Telefondiensten über das „Navi" bis hin zu computeranimierten Figuren, die Sprachausgabe mit Mimik und Gestik untermalen. Erinnern wir uns an „Schlundschnürer, Bauchpresse & Co" (in Kapitel 3), dann ahnen wir, wie komplex die Erzeugung von ausdrucksvoller Sprache ist. Der Frage, wie man sie künstlich hervorbringen kann, sollte daher mit vorsichtigen Erwartungen nachgegangen werden. Auch wenn hier Besonderheiten wie die „Pressstimme" ausgeklammert werden müssen, soll es jetzt darum gehen, was es mit der guten Betonung auf sich hat und wie man es technisch leisten kann, dass eine künstliche Stimme – zum Beispiel bei unserem oben gezeigten Max – nicht ausdruckslos mechanisch klingt.

Gesprochene Sprache

Die gesprochene Sprache des Menschen ist nicht einfach eine Abfolge einzelner Laute, vielmehr besteht sie aus einem kontinuierlichen Lautstrom. Oft sind selbst die Wörter nicht durch hörbare Pausen voneinander getrennt. Wir sagen eher „oftsindselbstdie" und nicht „oft – sind – selbst

– die" usw. Doch nimmt unser Gehirn im Lautstrom einer uns vertrauten Sprache Strukturen wahr: Wir hören Wörter als getrennte Einheiten, wir hören Betonungen und vieles mehr.

Die Sprachwissenschaftler nehmen an, dass es ein universales Inventar bedeutungsunterscheidender Laute gibt; man nennt sie Phoneme. Etwa 140 Phoneme hat man bisher bestimmt. Davon werden in einer Sprache aber immer nur einige Dutzend verwendet – im Deutschen also teilweise andere als etwa im Englischen oder Dänischen. Des Weiteren befasst man sich mit der Katalogisierung aller akustisch unterscheidbaren Laute, den sogenannten Phonen. Ähnlich der Lautschrift im Fremdsprachenunterricht notiert man die Sprachlaute und ihre Ausspracheeinheiten mit einem phonetischen Alphabet – die Aussprache des Wortes „Lied" zum Beispiel mit [li:t]. Es gibt auch eine Übersetzung aller phonetischen Symbole in Computerzeichen. Hiermit lässt sich computergerecht beschreiben, mit welcher Abfolge von Lauten ein Text auszusprechen ist (und wir werden das unten für unseren Max noch benötigen).

Untersucht man das menschliche Sprachsignal mithilfe eines Messgeräts, so zeigt sich, dass wir stimmhafte Laute – etwa die Vokale – in ganz bestimmten Frequenzbereichen formen. Wie bei einem Musikinstrument bestehen sie aus Grundton und Obertönen. Der Grundton für eine männliche Stimme liegt – je nach Stimmlage – zum Beispiel bei ungefähr 100 Hertz (Schwingungen pro Sekunde). Für eine weibliche Stimme liegt er zum Beispiel bei 220 Hertz und für ein Kind bei etwa 300 Hertz. Die Obertöne sind „harmonische", das heißt ganzzahlige Vielfache der Frequenz des Grundtons. Ihre spezielle Zusammensetzung ergibt den Vokal, den wir formen, macht aber auch den persönlichen Klang einer Stimme aus. Stimmlose Laute sind dagegen Geräusche ohne Klang, ein Rauschen in hohen Frequenzbereichen.

Wenn uns gesprochene Sprache ausdrucksvoll betont erscheint, hat das zunächst mit der Sprachmelodie zu tun. Die Wahrnehmung der Stimmhöhe, englisch *pitch*, beruht auf dem Grundton. Je höher der Grundton, desto höher klingt auch die Stimme. Je intensiver das Signal auf dem Messgerät ausschlägt, desto lauter die Stimme. Allerdings wird die Empfindung von Lautstärke sowohl von der zeitlichen Länge der Laute beeinflusst als auch – weil wir in verschiedenen Frequenzbereichen unterschiedlich sensibel hören – vom aktuellen Grundton: Höher klingt lauter. Woran genau liegt es aber, dass uns manche Wörter oder Silben gegenüber anderen Teilen eines Satzes hervorgehoben – also betont – erscheinen?

Pitchkontur und Silbenlängung

Die Sprachwissenschaftler gingen früher davon aus, dass Betonung durch Erhöhung der „Ausatmungskraft" beim Sprechen zustande kommt. Im Sprachsignal lässt sich so etwas aber nicht messen. Messen lässt sich dagegen der Verlauf der Tonhöhe – die Pitchkontur – und die zeitliche Länge von gesprochenen Silben oder Lauten. So ging man dazu über, Betonung über Pitchkontur und Silbenlängung zu erfassen: Man beschreibt Betonung als „Akzentuierung" von Silben oder Wörtern, die man durch Ausschläge in der

Sprachmelodie und durch gedehnt gesprochene Silben feststellen kann.

Ein Beispiel: Bei dem Wort „BUNdesrepublik" wird in der Regel die hier mit Großbuchstaben markierte Silbe „BUN" mit höherem Pitch und etwas länger als die anderen Silben ausgesprochen. Die Wortbetonung legt also fest, welche Silben eines Wortes akzentuiert werden, wenn man es einzeln ausspricht. Die Satzbetonung bezieht sich auf die Hervorhebung ganzer Wörter innerhalb von Sätzen, zum Beispiel „In KÜRZE erreichen Sie ihr ZIEL".

Betonung dient oft dazu, Satzpassagen in den Fokus der Aussage zu rücken. So liegt in dem Satz „Ich habe einen KRÜMEL im Hals und muss deshalb husten" der Fokus auf „Krümel" und signalisiert damit die Absicht mitzuteilen, dass eine Reizung – und nicht etwas eventuell Ansteckendes – der Grund für das Husten ist. Eine weitere Art der Betonung ist das Kontrastieren, etwa in der Feststellung „Sie ist nicht meine Frau, sie ist meine SCHWESter." Das Wort „Schwester" bildet den Kontrast zu „Frau". Durch ein kurzes und deutliches Anheben des Grundtons wird in der Pitchkontur die erste Silbe besonders stark akzentuiert, dagegen werden die umliegenden Silben unbetont gesprochen.

Will man ausdrucksvolle Sprache technisch erzeugen, reicht somit die Beschreibung der Laute allein – etwa mit dem erwähnten phonetischen Alphabet – nicht aus; es müssen auch die Betonungen beschrieben werden. Dazu notiert man ausgeprägte „Hochs" und „Tiefs" in der Sprachmelodie mit Tonangaben, nämlich H (für hoch) und T (für tief). Auf die Feinheiten gehen wir hier nicht ein: Machen Sie sich einfach einmal klar, wie die Betonung den Sinn einer

Aussage beeinflussen kann, zum Beispiel den Unterschied zwischen „Er hat doch GELOGEN" und „Er hat DOCH gelogen". Mit besagten Tonangaben lässt sich festlegen, in welcher Stimmhöhe solche Textstellen auszusprechen sind. So markiert man aber nicht nur akzentuierte Silben oder Wörter, sondern auch das Ende einer Äußerung, zum Beispiel den Stimmanstieg bei einer Frage. Verstanden?

Die verschiedenen Arten der Betonung sind nicht allein für ausdrucksvolle Sprache wichtig, sondern auch für die Synchronisation von Sprache und Gestik, die beim Menschen in bestimmter Weise „getaktet" sind. Sagt man zum Beispiel „Hänge das große Bild *da* auf" und zeigt auf die betreffende Stelle, dann wird das Wort „da" länger als die es umgebenden Wörter gesprochen. Dabei wird die hinweisende Hand zeitlich ziemlich genau mit dem gesprochenen „da" ausgestreckt. Was es damit auf sich hat, werden wir in Kapitel 8 über „Kommunikative Rhythmen" noch genauer erfahren.

Eine Stimme für Max

Nun soll es aber darum gehen, wie ein künstliches Wesen – hier der bereits vorgestellte Max – ausdrucksvoll sprechen kann. Dazu müssen zunächst Klänge und Geräusche erzeugt werden, die der menschlichen Stimme ähneln. Früher benutzte man dafür spezielle Geräte, sogenannte Vocoder (zusammengezogen aus dem englischen Begriff *vocal coder*, Stimmkodierer). Was dazu an Technik nötig war, können Sie auf einem der Bilder am Anfang des Kapitels sehen. Einer der ersten Vocoder wurde in den 1960er-

Jahren in den Fernsehabenteuern der *Raumpatrouille* für die breite Öffentlichkeit hörbar. Erinnern Sie sich (ggf. an eine Wiederholung dieser Sendung)? Dort zählte vor jedem Start des Raumkreuzers Orion eine mechanische Stimme den Countdown: „Zehn … neun … acht …" – das war der Vocoder!

Das Prinzip von Vocodern – ursprünglich für die Informationsverdichtung beim transatlantischen Telefonat erfunden – beruht auf der schon erwähnten Erkenntnis, dass der Lautstrom gesprochener Sprache in drei Komponenten zerlegt werden kann: den Grundton, der die Sprachmelodie bestimmt, und die Obertöne und Geräusche für die Vokale und Konsonanten. Im Vocoder werden verschiedene elektronische Bauteile so gesteuert, dass ein künstlicher Schallstrom entsteht, der über Lautsprecher als synthetische Stimme hörbar wird. Mit der Hochgeschwindigkeit moderner Rechner lässt sich das heute durch Computerprogramme in Echtzeit realisieren.

Das Programm, das unserem Max seine Stimme verleiht, heißt MBROLA (gesprochen „Embrola"). Es wurde in einem belgischen Signalverarbeitungslabor entwickelt und hat in einer Datenbank an die 2 000 Lautübergänge – sogenannte Diphone – gespeichert. Ähnlich wie die Midi-Dateien für elektronische Musik lassen sie sich zu einer digitalen Klangbeschreibung zusammensetzen und über Soundkarte und Lautsprecher hörbar machen. Allerdings muss der zu sprechende Text zuvor erst in phonetische Symbole übersetzt werden, um für das Programm verständlich zu sein. Für Max setzen wir dafür das Programm Txt2Pho ein („Text to Pho", abgeleitet von der Text-zu-Phonem-Übersetzung), das an der Universität Bonn entwickelt wurde. Zum Programm gehört ein Aussprachelexikon mit über 50 000 Einträgen. Damit übersetzt es deutschen Text in phonetische Symbole und errechnet die Pitchkontur der neutralen Satzbetonung. Es lassen sich aber noch weitere Steuerbefehle für Tonhöhe und Sprechgeschwindigkeit einfügen. Hiermit konnten wir in unserem Labor eine Methode entwickeln, mit der die Betonung nach Bedarf erzeugt werden kann.

„Wir werden das gewünschte Ziel in Kürze erreichen" kann unser Max zum Beispiel mit einer relativ ausdrucksvollen synthetischen Stimme sagen. Dabei kann er jede gewünschte Stelle eines solchen Satzes betonen. Auch wenn es der Sprache von Max ein wenig an „Seele" fehlt (schon die Tatsache, dass er beim Sprechen nicht Luft holen muss, macht einen großen Unterschied), kann die Betonung gesteuert und mit der Gestik abgestimmt werden. So kann Max in natürlich wirkendem Miteinander sprechen und gestikulieren. Wie er auch sein Gesicht zum Sprechen bewegen und dabei sogar Emotionen ausdrücken kann, wird in Kapitel 7 „Mimik in Aktion" verraten.

6
Gesten bei Tieren und bei Kindern

Ich gehe auf den Kühlschrank zu. Die Katze, auf dem Küchentisch sitzend, hebt kurz die Pfote und tippt mich sanft an den Arm, als ich an ihr vorbeigehe: „Hey, ich bin auch da, ist auch was für mich im Kühlschrank?" – jedenfalls verstehe ich ihre Geste so, und ihre Reaktion auf das zugeteilte Stückchen Käse bestätigt es mir …

Die körperliche Berührung, das Antippen, ist ein kaum missverständliches Zeichen der Kontaktaufnahme. Auch ohne dass Augenkontakt besteht oder die Aufmerksamkeit dem Anderen schon zugewendet war, verdeutlicht es, da will jemand etwas von mir. Tatsächlich ist es eine einfache Form der Geste, sie funktioniert sogar zwischen Tier und Mensch – und auch umgekehrt: Wenn ich unsere Katze antippe, wendet sie sich mir zu und sieht mich an. Oft habe ich probiert, ihr etwas zu zeigen, indem ich mit dem Arm zum Beispiel auf ein Stückchen Käse auf dem Fußboden deute, das sie übersehen hat. Das funktioniert mit der Katze aber nicht; sie sieht dann auf meine Fingerspitze und fixiert diese bei weiteren Zeigeversuchen.

Dennoch gelingt es mir, die Katze auf das Käsestückchen aufmerksam zu machen, ohne mich vom Platz zu bewegen. Ich „werfe" ein imaginäres Stückchen in die Richtung des real existierenden Leckerbissens. Dann läuft sie sofort in die aus meiner Wurfbewegung antizipierte Richtung und findet – meistens – das echte Käsestückchen. Die Katze kann mir auch zu verstehen geben, dass sie ihr Futter haben will, etwa indem sie die Pfote auf den Napf legt, mich ansieht und vielleicht sogar mit der Pfote ans Bein stupst.

Auch bei Schimpansen findet man die körperliche Berührung, wie das Auflegen eines Arms, als Geste, mit der ein Affe die Aufmerksamkeit eines anderen erlangt. Mit seinem Kollegen Josep Call hat der Psychologe und Primatenforscher Michael Tomasello, Direktor am Max-Planck-Institut für evolutionäre Anthropologie in Leipzig, über Jahre hinweg Dutzende verschiedener Gesten beobachtet, die von Schimpansen benutzt werden. Dabei verwenden die Affen Gesten mit fühlbaren oder hörbaren Anteilen, wie das Armauflegen oder ein Händeklatschen, unabhängig davon, ob der Empfänger sie im Blick hat oder nicht. Dagegen setzen sie visuelle Gesten – also solche, die ausschließlich mit den Augen wahrgenommen werden, wie das Betteln mit ausgestreckter Hand – nur dann ein, wenn der Empfänger den Äußernden im Blickfeld hat.

Andere Affen, zum Beispiel Makaken, haben im Umgang mit dem Menschen sogar gelernt, Zeigegesten zu benutzen, um ihr Futter zu erlangen. Solche Gesten gehören nicht zu ihrem natürlichen Verhaltensrepertoire, doch setzen Affen, die in der Umgebung von Menschen großgezogen wurden, manchmal Zeigegesten ein. So wird berichtet, dass ein Bonobo, ein Zwergschimpanse, der ursprünglich in den Regenwäldern des Kongos zu Hause ist, seinen menschlichen Begleitern einmal durch Zeigen eine gewünschte Reiserichtung bedeutete.

Entwicklung der Gesten bei Kindern

In ihrer natürlichen Umgebung aber beginnen Affen – obwohl sie Fingerhände haben wie der Mensch – niemals von sich aus, mit dem Finger zu zeigen. Der Mensch ist das einzige Lebewesen, bei dem sich das Fingerzeigen spontan entwickelt. Im Alter von neun bis zwölf Monaten fangen Kinder an, Gesten zu benutzen. Bis es neun oder zehn Monate alt ist, streckt das Kind noch – ähnlich wie der Schimpanse beim Betteln um Futter – die offene Hand mit allen Fingern nach einem begehrten Gegenstand aus. Um den zehnten oder elften Monat beginnen Kinder mit dem Finger zu zeigen. Aus dem Bestreben, ein begehrtes Objekt mit der ausgestreckten Hand zu erreichen, wird ein Zeigen, das an andere gerichtet ist.

Kinder beginnen zunächst damit, ihre Blicke zwischen einem Objekt und der Bezugsperson hin und her wandern zu lassen, statt sie nur einem von beidem zuzuwenden. Dann verändert sich ihr Verhalten in der Weise, dass sie mit Gesten auf Objekte im Nahbereich und zunehmend auch auf entferntere Objekte deuten. So wird ein Kind, das ein außer Reichweite liegendes Spielzeug haben möchte, darauf zeigen und dann den Blick wie beschrieben hin und her wandern lassen. Wenn die Geste nicht den gewünschten Erfolg hat, wird das Kind sie wiederholen, verstärken oder sogar schreien, um sein Ziel zu erreichen. Weitere Gesten entwickeln sich durch die „Ritualisierung" zielorientierter Verhaltensweisen. Zum Beispiel entsteht die Geste, mit der ein Kind mitteilt, dass es auf den Arm genommen werden will, zunächst dadurch, dass das Kind die Beine des Erwachsenen umklammert und versucht, daran hochzuklettern. Nach und nach – und auch deshalb, weil die Bezugsperson versteht, was das Kind will und es aufnimmt – wird dieses Verhalten vom einfachen Ausstrecken der Arme abgelöst.

Schon beim Kind können Gesten zwei ganz verschiedenen Funktionen dienen. Sie können ein Begehren ausdrücken, wenn das Kind etwa ein Spielzeug haben will, das außer seiner Reichweite liegt, oder wenn es auf den Arm genommen werden möchte. Eine andere Funktion ist das Lenken der Aufmerksamkeit auf ein Objekt, auch ohne dass das Kind das Objekt haben will. Wenn ein Kind zum Beispiel im Zoo auf eine Giraffe zeigt, möchte es vermutlich nur einen interessanten Anblick mit der Bezugsperson teilen.

Mit solchen Gesten des Zeigens beginnt beim Kind auch bald das erste Zuordnen sprachlicher Symbole („da", „Wauwau", „haben"), selbst wenn die klare Artikulation des Wortes anfangs oft misslingt. Im Alter von neun bis 14 Monaten entwickelt sich ein differenziertes Vokabular und die feinmotorische Kontrolle der Finger verbessert sich, jedoch folgt das gesprochene Wort noch der geäußerten Geste. Mit 16 bis 18 Monaten, parallel zu dem sich entwickelnden Wortrepertoire, treten schließlich synchrone Wort-Gesten-Kombinationen auf. Diese Entwicklung bleibt allerdings aus oder verzögert sich, wenn die liebevolle Zuwendung einer Bezugsperson fehlt. Später, im Alter von etwa zwei Jahren, können Zeigegesten auch auf abstraktere Dinge bezogen sein, wenn zum Beispiel ein Kind abends aus dem Fenster zeigt und „dunkel" sagt.

Soziale Intelligenz der Primaten

Am Leipziger Max-Planck-Institut erforscht der Entwicklungspsychologe Josep Call gemeinsam mit Tomasello das soziale Lernen bei Menschen- und bei Affenkindern. In ihrer Gruppe entwickeln die jungen Wesen nach und nach ein komplexes Verhaltensrepertoire. Es bildet nicht nur die Grundlage für ein angemessenes Verhalten im sozialen Zusammenleben, sondern auch dafür, das Verhalten ihrer Gruppenmitglieder voraussehen und zum eigenen Vorteil beeinflussen zu können.

Bei den nichtmenschlichen Primaten habe man sich zunächst nur für ihre Intelligenz beim Problemlösen interessiert, berichtet Call. In einer typischen Problemsituation versucht beispielsweise ein Menschenaffe ein Ziel zu erreichen, dessen direkter Zugang durch ein Hindernis blockiert ist. Hängt eine begehrte Frucht außerhalb der Reichweite des Affen, so überwindet er dieses Hindernis durch das Hinschieben eines Objekts zum Aufsteigen oder durch den

Gebrauch eines Stocks, mit dem die Frucht vom Baum geschlagen wird.

Die Intelligenz der Primaten hat sich in der Evolution sicherlich aus der Notwendigkeit der Nahrungsbeschaffung entwickelt, jedoch sind weitere Faktoren ausschlaggebend. Bei Spezies wie den Primaten, die eine lange Lebenszeit haben und in sozialen Verbänden leben, kommt es immer wieder zu Situationen der Konkurrenz um begrenzte Ressourcen – um Nahrung, aber auch um die Hilfe von Gruppenmitgliedern. So meint Call, dass sich die Intelligenz von Primaten weiterentwickelt hat, um das soziale Zusammenleben zu meistern. Die fortgesetzte Interaktion fördert langfristige Beziehungen zwischen den Gruppenmitgliedern, die für die Einschätzung zukünftigen freundlichen oder unfreundlichen Verhaltens des Anderen, etwa bei Hilfebedarf, von Vorteil sind.

Bei der Interaktion mit unbelebten Gegenständen hängt der Erfolg allein von physischer Geschicklichkeit ab, wie bei dem Gebrauch eines Werkzeuges, mit dem eine außerhalb der Armreichweite hängende Frucht ergattert wird. Im Gegensatz dazu ist bei der Interaktion mit einem Lebewesen auch soziale Intelligenz erfolgreich. Schon ein versuchtes Kitzeln oder der Ansatz einer Bewegung kann ausreichen, um den Anderen von der Stelle zu locken, an die man selbst will. Ähnlich wie wir das Ausstrecken der Arme des Kindes verstehen und es hoch nehmen, verstehen auch nichtmenschliche Primaten solche Signale. Natürlich kann auch in der Interaktion mit einem Lebewesen ein physischer Akt zum Ziel führen: So könnte ein Affe den anderen aus dem Weg stoßen oder ihn gar als „Trittstufe" benutzen, um an ein begehrtes Objekt zu gelangen.

Den Übergang von einem solchen „Werkzeuggebrauch" eines Lebewesens zum sozial-kommunikativen Verhalten hat der Primatenforscher Juan Carlos Gómez von der University of St. Andrews in Schottland an einem Gorillakind beobachtet. Anfangs schob es Menschen wie einen Schemel hin und her, um hoch gelegene Objekte zu erklettern. Später jedoch begann es, Menschen als Partner zu behandeln, versuchte sie mit Gesten dazu zu bewegen, sich in eine geeignete Position für die Hilfestellung zu begeben. Dies deutet Gómez als Erweiterung des Verhaltensrepertoires des Affen – von einer Problemlösungsintelligenz zur sozialen Intelligenz.

Alle Primaten, der Mensch eingeschlossen, besitzen ein Repertoire kommunikativer Signale, das sie intendiert benutzen, um das Verhalten ihrer Sozialpartner zu beeinflussen. Bei Schimpansen und Kapuzineraffen hat man in Einzelfällen sogar Gesten des Täuschens beobachtet, in vermeintlicher Konkurrenz mit einem menschlichen Experimentator um verstecktes Futter (sie dirigierten den Menschen zu einem leeren Container).

Gesten spielen, auch bei der Verständigung wildlebender Menschenaffen, eine zentrale Rolle. Was aber macht das „Mehr" bei den Menschen aus? Das hat sicherlich mit der Entwicklung einer Wortsprache zu tun, auf die wir in Kapitel 9 „Wörter und Sätze" noch eingehen werden, beginnt aber schon im vorsprachlichen Bereich, und zwar gerade mit den Zeigegesten.

Zeigegesten machen den Unterschied!

„Da! Da!" – Mit Rufen und Zeigen machen kleine Kinder andere immerzu auf Dinge aufmerksam, die sie wahrnehmen. Menschenaffen tun so etwas nicht. Doch teilen sie mit dem Menschen noch heute immerhin 99 Prozent ihres genetischen Materials. Worin liegt dann der entscheidende Unterschied, der dem Menschen die Entwicklung sprachlicher und kognitiver Fähigkeiten ermöglicht hat, die die Grundlage unserer modernen Kultur bilden?

Eben dieser Frage hat der Primatenforscher Michael Tomasello seine Arbeit gewidmet. Der breiteren Öffentlichkeit ist er durch sein Buch *Die kulturelle Entwicklung des menschlichen Denkens* bekannt geworden. Gestützt auf zahlreiche Experimente mit Primaten und Kleinkindern erklärt Tomasello darin, warum es wohl nur dem Menschen gelungen ist, kognitive Fähigkeiten auszubilden, die sprachliche Kommunikation, soziale Organisation und letztlich Hochleistungstechnologien hervorgebracht haben. Und dabei machen seiner Ansicht nach gerade die Zeigegesten den wesentlichen Unterschied aus. Zwar besitzen alle Menschenaffen ein reiches Repertoire an kommunikativen Gesten, jedoch sind diese unmittelbar auf etwas gerichtet, das der Sender vom Empfänger begehrt. Im Gegensatz dazu kommunizieren menschliche Kinder bereits vor Beginn des Spracherwerbs mit ihren Bezugspersonen über Objekte und Ereignisse, um damit auf etwas aufmerksam zu machen (wie auf die Giraffe im Zoo). Dieser Vergleich lässt annehmen, dass eine bedeutende Komponente in der Evolution der Kommunikation des Menschen darin liegt, Erfahrungen auszutauschen und miteinander zu kooperieren.

Mit den Zeigegesten beginnt beim Menschen aber erst die Entwicklung einer mit dem Sprechen eng verbundenen gestischen Ausdrucksform. Diese macht es uns später möglich, die Form von Gegenständen und ihre Lage im Raum, komplizierte Wegbeschreibungen, ja selbst Abstraktes und Metaphorisches mit Händen und Armen zu „verkörpern" In Kapitel 14 werden wir diese differenzierte Gestik und ihre Verbindung mit Sprache noch genauer ansehen.

7
Mimik in Aktion

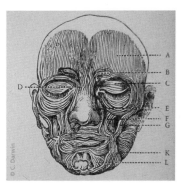 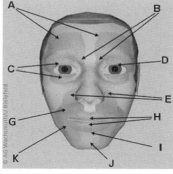

„Durch das Rückwärts- und Aufwärtsziehen der Mundwinkel infolge der Zusammenziehung der großen Jochbeinmuskeln und durch das Erheben der Oberlippe werden die Wangen nach oben gezogen. Es bilden sich hierdurch Falten unter den Augen und bei alten Leuten auch an ihren äußeren Winkeln, und diese sind für Lachen und Lächeln in hohem Grade charakteristisch. Ein jeder kann fühlen und sehen, wenn er seine eigenen Empfindungen aufmerksam beobachten und sich in einem Spiegel betrachten will, daß in dem Maße, wie ein leichtes Lächeln in ein starkes oder selbst in ein Lachen übergeht und wie ferner die Oberlippe nach oben gezogen wird und die unteren Kreismuskeln sich zusammenziehen, auch die Falten an den unteren Augenlidern und die unterhalb der Augen bedeutend verstärkt oder vergrößert werden …"

Diese Passage aus dem in Kapitel 3 schon erwähnten Buch von Charles Darwin *Der Ausdruck der Gemütsbewegungen bei dem Menschen und den Tieren* weckte meine Neugier. Was hat es auf sich mit unserem Mienenspiel? Und lässt sich die menschliche Mimik technisch nachahmen, sodass unser Max sein Gesicht bewegen und dabei freundlich, nachdenklich oder gar ärgerlich schauen kann? Mimik ist ein universales, über alle Kulturen hinweg verständliches System der Kommunikation, und der mimische Ausdruck ist allen Menschen, selbst wenn sie blind auf die Welt kamen, von Geburt an „einprogrammiert". Deshalb kann man auch erwarten, dass der Gesichtsausdruck von Max, wenn er den Regeln der natürlichen mimischen Programme folgt, von Menschen richtig verstanden wird.

Werfen wir einen kurzen Blick auf die menschliche Gesichtsmuskulatur. Über 40 Muskeln verleihen unserem

Tabelle 7.1 Gesichtsmuskeln in den Bildern am Anfang des Kapitels

A	Stirnmuskel
B	Augenbrauenrunzler
C	Augenringmuskel
D	Pyramidenmuskel der Nase; rechts: Augenlidmuskel
E	Heber der Oberlippe und des Nasenflügels
F	eigentlicher Lippenheber
G	Jochbeinmuskel/Mundwinkelheber
H	Ringmuskel des Mundes
I	Unterlippenherabzieher
J	Unterkiefer
K	Mundwinkelherabzieher
L	Viereckiger Kinnmuskel

Gesicht Ausdruck. Die wichtigsten davon sollen auch für Max berücksichtigt werden. Da gibt es zum Beispiel den Stirnmuskel (A), der die Augenbrauen hebt, und den Augenbrauenrunzler (B), der nicht nur beim finsteren Blick zum Einsatz kommt. Beim Lächeln spielen Augenringmuskel (C), Jochbeinmuskel und Mundwinkelheber (G) eine Rolle, während der Mundwinkelherabzieher (K) eher negative Emotionen ausdrückt.

Der Sechser, der Neuner und der Zwölfer

Die Aktivität der Gesichtsmuskulatur führt zu der für uns sichtbaren Mimik, über deren kommunikative Funktion wir in Kapitel 3 schon etwas erfahren konnten. Aber wie lassen sich die mimischen Aktionen systematisch erfassen, und am besten gleich so, dass wir für die Gesichtsausdrücke unseres Max daraus Nutzen ziehen?

Hier hilft das „Facial Action Coding System" (FACS) weiter. Das ist ein von den Psychologen Paul Ekman und Wallace Friesen – aufbauend auf Arbeiten des schwedischen Anatomen Carl-Herman Hjortsjö – über viele Jahre entwickeltes Beschreibungssystem für menschliche Mimik. Mit sogenannten Aktionseinheiten erfasst es die kleinsten einzeln erkennbaren Aktionen der Gesichtsmuskulatur. Dabei kann die Intensität der Aktionen – von „angedeutet" bis „extrem" – kodiert werden und auch, ob nur eine oder gleich mehrere Aktionseinheiten an einem Gesichtsausdruck beteiligt sind.

Mit den Aktionseinheiten lässt sich das raffinierte Zusammenspiel der Mimikmuskeln in allen Einzelheiten

beschreiben. Das Lächeln des Mundes mit Aktionsein-
heit 12 – dem „12er" – wirkt erst echt, wenn es von einer
Aktion des „6ers", also des Augenringmuskels, begleitet
wird. Beim aufgesetzten Lächeln dagegen kann der 12er
alleine in Aktion treten. Der 6er kann das ganz und gar
nicht. Probieren Sie es aus: Ein Versuch, den Augenringmuskel zusammenzuziehen, zieht unweigerlich die Aktion
des 12ers, also ein Mundlächeln mit sich. Das heißt, der
12er ist an den 6er gekoppelt – nicht jeden Gesichtsmuskel
kann der Mensch unabhängig von anderen bewegen.

Das Naserümpfen – ein Heben der Oberlippe und des
Nasenflügels – wird durch den 9er kodiert. Es hat übrigens
seinen biologischen Ursprung im Bestreben, bei schlechten

Tabelle 7.2 Einige der über 40 Aktionseinheiten (AE) des Facial
Action Coding System (nach Ekman 1978)

AE 1	Innerer Augenbrauenheber (Aktion des inneren Teils des Stirnmuskels)
AE 2	Äußerer Augenbrauenheber (Aktion des seitlichen Teils des Stirnmuskels)
AE 4	Augenbrauenrunzler (beim finsteren Blick oder bei der Sorgenfalte)
AE 6	Augenringmuskel (beim „echten" Lächeln, zieht AE 12 automatisch mit sich)
AE 9	Heber der Oberlippe und des Nasenflügels (beim Naserümpfen)
AE 10	eigentlicher Lippenheber (meist bei Ekel, ein unterhalb der Augenhöhle gelegener Muskel)
AE 12	Jochbeinmuskel (beim Lächeln, kann auch unabhängig von AE 6 in Aktion treten)
AE 15	Mundwinkelherabzieher (z.B. bei schlechter Laune oder Enttäuschung)

Gerüchen den Luftzustrom zur Riechschleimhaut zu verhindern. Übertragen dient es der Distanzierung von unangenehmen Situationen, als Signal der Missbilligung. Sehen wir den 9er in Aktion, ist unser Gegenüber *„not amused"*. Kommt gar eine Aktion des benachbarten 10ers — ein Heben der Lippe wie beim Ausdruck von Ekel — hinzu, sollte das ein deutliches Warnsignal sein.

Im feinsten Detail beschreiben der 6er, der 9er, der 12er und viele weitere Aktionseinheiten die mimische Signalmaschinerie unseres Gesichts. Freude, Trauer, Ekel, Überraschung, Wut und Angst, selbst subtilste Regungen des Gesichts lassen sich mit den Aktionseinheiten darstellen. Dabei kann ein und derselbe Muskel an verschiedenen Aktionen beteiligt sein. Und es können sich mehrere Aktionseinheiten in einem Gesichtsausdruck mischen, wie beim finsteren Lächeln oder bei fröhlicher Überraschung.

Ein animiertes Gesicht für Max

In der Technik ist die Gesichtsanimation von großem Interesse. Telekonferenzen, bei denen ein ferner Kommunikationspartner als Avatar, also als computergraphisch erzeugter virtueller Repräsentant zugegen ist, personifizierte Helfer im Internet oder in Lernsoftware sind populäre Beispiele. Dies geht bis hin zu computeranimierten Figuren, die Sprachausgabe mit Gestik, Mimik und sogar Gesichtsbewegungen untermalen sollen, die mit dem Sprechen synchronisiert sind. Ein künstliches Gesicht natürlich und glaubwürdig zu animieren, stellt eine große Herausforderung dar.

Wenn Sie sich vor den Spiegel stellen und lächeln, dann sehen Sie, wie etwa Ihre Wangen von den unter der Haut liegenden Muskeln aufwärts und etwas zur Seite bewegt werden. Für die Animation eines künstlichen Gesichts müssen solche Bewegungen nachgeahmt werden. In der Computeranimation wird die Gesichtsoberfläche mit einem Gitternetz bedeckt – wie mit einem engmaschigen Haarnetz. Auf dieses Netz, das die dreidimensionale Form des Gesichts wiedergibt, wird eine Fototextur projiziert, die sich wie eine dehnbare Bildtapete der Gesichtsoberfläche anpasst. Die Mimik wird dann durch Verformungen der Gesichtsoberfläche, der „Haut", erzielt. Dazu wird jedem Gesichtsmuskel ein bestimmter Einflussbereich im Gitternetz zugeordnet, wie es der Muskelbewegung entspricht.

Mit dem erwähnten Kodierungssystem lassen sich die Gesichtsausdrücke, die unser Max zeigen soll, in Aktionseinheiten für die Computeranimation übersetzen. Dafür wurden die wichtigsten 20 Gesichtsmuskeln berücksichtigt. Sie erlauben etwa mimische Aktionen des Mundwinkelhebers oder des Augenbrauenrunzlers, aber auch Bewegungen der Augenlider und – für das Sprechen – des Unterkiefers. Da viele Stellen der Gesichtsoberfläche von mehreren Muskeln bewegt werden können, musste man bei der Modellierung gut aufgepasst, damit Max die Gesichtszüge nicht „entgleisen", wenn seine Mimik in Aktion tritt.

Sprechmimik und Ausdruck von Emotion

Auch die Sprechbewegung des Mundes entspringt dem Zusammenspiel der Gesichtsmuskeln. So soll sich das Gesicht von Max passend zum Gesagten bewegen, indem er seine virtuellen Gesichtsmuskeln spielen lässt. Sagt Max beispielsweise „Ball", sollen die Lippen beim „B" geschlossen sein. Alles, was Max mit seiner synthetischen Stimme spricht, besteht – wie in Kapitel 5 erklärt – aus einer Abfolge von Lauten, beschrieben durch eine Liste aus Phonemen, die vom Computer in Töne verwandelt werden. Der deutschen Sprache, die Max spricht, liegen 39 Phoneme zugrunde; sie werden in elf Gesichtsstellungen abgebildet. Warum reichen aber elf Gesichtsstellungen für die 39 Phoneme?

Für die Sprechanimation sind die sogenannten Viseme (visuellen Phoneme) entscheidend. Sie beschreiben die Stellung von Mund und Lippen bei der Artikulation der Phoneme. Ob „Mama", „Papa" oder „Ball" gesagt wird, bei jedem Wortanfang sind die Lippen auf gleiche Weise geschlossen, das heißt, es reicht ein Visem für „M", „P", „B" und so fort. Wenn ein von Max zu sprechender Satz in eine Phonemliste überführt wird, werden zugleich die passenden Viseme zugeordnet. So kann Max den Mund synchron zum Sprechen bewegen.

Die Gesichter, die Max macht, beschränken sich aber nicht auf die Sprechmimik allein, auch Lidschlag und Kopfbewegung tragen zu einem natürlichen Eindruck bei. Mit seiner Mimik kann Max Emotionen ausdrücken und so dem Menschen ein leicht verständliches Feedback geben. Wenn Max zum Beispiel eine Frage nicht verstanden hat oder noch über eine Antwort „nachdenkt", kann er verständnislos oder nachdenklich schauen. Auch kann Max das Gesagte mimisch unterstreichen, beispielsweise macht er ein freundliches Gesicht, wenn er Hilfe anbietet.

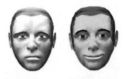

8
Kommunikative Rhythmen

Ich sitze auf dem Kurplatz der Nordseeinsel in der Sonne und lausche dem Orchester. Die Warschauer Symphoniker spielen einen Walzer. Ich merke, wie mein Körper den Rhythmus übernimmt, die Beine, die Finger. Der ältere Herr vor mir scheint fast zu dirigieren, im Sitzen und für sich, verbunden mit den musikalischen „Wellen"…

Rhythmen begleiten unser Leben. Wir erleben den Wechsel von Tag und Nacht, den Rhythmus der Meereswellen. Beim Gehen oder Laufen koordinieren wir – ohne darüber nachzudenken – unsere Arme und Beine im Wechsel von Spannung und Entspannung. Es fällt uns leicht, uns auf den Rhythmus einer Musik einzustimmen, wir können uns ihm oft gar nicht entziehen, er fährt in Arme und Beine. Und Rhythmus ist auch, fast unbemerkt, Bestandteil von Kommunikation, von Sprache, Sprechen und Gestik. Man sagt, dass der französische Schriftsteller Gustave Flaubert die Wörter auch nach dem Rhythmus gewählt habe. Solange die „Musik" nicht stimme, übermittelten die Wörter nicht den gewünschten Eindruck, soll er gesagt haben.

Systematische Untersuchungen haben offenbart, dass das menschliche Kommunikationsverhalten in der Tat auffällig rhythmischer Natur ist. Rhythmische Muster zeigen sich zum Beispiel in der Weise, wie gesprochene Silben und Wörter im zeitlichen Ablauf gruppiert sind – dem Sprechrhythmus – oder wie das Sprechen von Gesten begleitet wird. Einzelne Elemente sind gegenüber anderen hervorgehoben oder „akzentuiert". Wie die Takte in der Musik wiederholen sich die Akzente innerhalb des Musters ansatzweise regelhaft, und zwar unabhängig vom Tempo – gleich ob schnell oder langsam. „Mein Leipzig lob' ich mir! Es ist ein klein Paris und bildet seine Leute", schreibt Goethe im *Faust*, und wir spüren auch im geschriebenen Text den Rhythmus der Worte, als ob wir ihn hörten.

Rhythmus in der Sprache

Sagen Sie einmal die folgenden Sätze in normaler Sprechweise – ohne zu „leiern" – laut vor sich hin (und stören Sie sich nicht daran, dass nach Bad Segeberg gar kein Intercity fährt): „Der Zug nach Köln. Die Züge nach Berlin. Die Eisenbahn nach Amsterdam. Der InterCity nach Bad Segeberg." Es wird Ihnen vielleicht auffallen, dass wir alle vier Sätze in ungefähr der gleichen Zeit sprechen, so dass der letzte Satz tatsächlich kaum länger dauert als der erste, obwohl er doch mehr als doppelt so viele Silben umfasst. Hört man sich noch einmal selbst beim Sprechen der Sätze zu und achtet auf die Betonung einzelner Silben, dann lassen sich darin betonte und unbetonte Silben unterscheiden.

Zur Verdeutlichung sind die betonten Silben hier in Großbuchstaben gesetzt: „Der ZUG nach KÖLN. Die ZÜge nach BerLIN. Die EIsenbahn nach AMSterdam. Der InterCIty nach Bad SEgeberg." Schlägt man sich selbst einmal den Takt zum Sprechen dieser Sätze, dann fällt der Taktschlag auf die hervorgehobenen Silben; mit dem Sprechen der dazwischen liegenden ist man fertig, wenn der nächste Takt anfängt. Was hat es damit auf sich?

In der Tendenz haben solche „Betonungsgruppen", unabhängig von der tatsächlichen Zahl von Silben (oder Phonen), eine relativ konstante Dauer. So lässt sich der zeitliche Abstand zwischen den hervorgehobenen Wörtern oder Silben zum Beispiel in den Sätzen „der ZUG nach KÖLN" und „die ZÜge nach BerLIN" als ungefähr gleich erwarten, wenn sie vom selben Sprecher unter gleichen Bedingungen gesprochen werden. Ein Sprechrhythmus, der auf der Betonung durch zeitliche Längung und Nichtbetonung durch Verkürzen oder Verschlucken gesprochener Silben beruht, ist in allen germanischen Sprachen wie Deutsch, Englisch oder Dänisch besonders auffällig. In romanischen Sprachen wie dem Italienischen ist der Effekt weniger ausgeprägt, jedoch ist auch hier ein Sprechrhythmus spürbar („speriAmo di ritornAre un giORno"); es gibt ihn eigentlich in jeder Sprache.

An der Technischen Hochschule in Stockholm sind die Phonetiker Gunnar Fant und Anita Kruckenberg dem

Phänomen der Sprechrhythmen auf den Grund gegangen. Bei der systematischen Untersuchung vorgelesener Texte stellten die Forscher fest, dass ein „Zwischenbetonungsintervall" – das ist das Zeitintervall zwischen aufeinanderfolgenden betonten Silben in einem Satz – im Durchschnitt bei etwa einer halben Sekunde liegt. Mehr noch lässt die Länge dieses Intervalls sogar Vorhersagen für die Dauer der nächsten auftretenden Sprechpause zu; sie hängt in ganz bestimmter Weise vom Durchschnitt der letzten acht Zwischenbetonungsintervalle ab.

Haben Sie bei einem Rundfunkinterview schon einmal den Eindruck gehabt, dass da etwas geschnitten wurde? Das kann mit nicht stimmigen Pausenlängen zu tun haben, die beim Schneiden zufällige Dauern bekamen. Beim natürlichen Sprechen erhalten sie aber ein ganz bestimmtes „taktmäßiges" Zeitintervall, wie in der Musik. Macht jemand beim Gespräch eine Pause, die über die von uns unbewusst erwartete Dauer hinausgeht, nutzen wir das oft, um selbst den Gesprächsfaden zu übernehmen.

Der Sprechrhythmus hat Einfluss auf die zeitliche Länge aller gesprochenen Silben, fanden die schwedischen Forscher heraus. Dazu untersuchten sie die Sprechdauer der betonten Silben, der unbetonten Silben und der Phoneme und fanden dafür im vorgelesenen Text Durchschnittswerte von ziemlich genau Viertel-, Achtel- bzw. Sechzehntel-Sekunden. Hieraus folgerten die Forscher, dass der halbsekündige „Grundtakt" des Zwischenbetonungsintervalls weiter „gequantelt", also wiederum halbiert, geviertelt oder geachtelt wird. Allerdings variiert das tatsächliche Tempo und die Strenge des rhythmischen Musters von Sprecher zu Sprecher, und selbst beim gleichen Sprecher, wenn er verschiedene Sätze spricht. Somit entspricht der Sprechrhythmus nicht völlig einem musikalischen Takt.

Vollziehen Sie die letzte Beobachtung an unseren Beispielsätzen nach: Bei jeweils zwei betonten Silben, aber unterschiedlich vielen weiteren Silben spricht sich der Satz „Der InterCIty nach Bad SEgeberg" etwas langsamer als „Der ZUG nach KÖLN". Im längeren Satz kann der halbsekündige Grundtakt trotz der stärkeren Silbenverdichtung also nicht ganz eingehalten werden. Doch ist die grundsätzlich rhythmische Natur des Sprechens offensichtlich, und sie spielt — wie wir noch sehen werden — für die Erwartungen des Hörers eine wichtige Rolle.

Rhythmus in der Gestik

Auch bei den Gesten, die unser Sprechen begleiten, lassen sich rhythmische Muster feststellen. Wie die rhythmisch koordinierte Bewegung unserer Gliedmaßen beim Gehen bewegen wir beim Sprechen viele Teile des Körpers – Arme, Finger, den Kopf – zur gleichen Zeit und genau im Rhythmus mit der sprachlichen Äußerung. Die verschiedenen Bewegungsprozesse einer sprechenden Person sind sozusagen synchronisiert. Dieses Phänomen hat der Psychologe William Condon von der Universität Boston als „Selbstsynchronität" bezeichnet. Das geht soweit, dass sich beim engagierten Sprechen auch der Lidschlag in das rhythmische Muster einordnet.

Machen Sie den Test und beobachten Sie im Fernsehen eine sprechende Person bei abgeschaltetem Ton (um sich auf die Bewegung der Körperteile konzentrieren zu können). Dann werden Sie diese Selbstsynchronität vermutlich leicht entdecken; zuweilen schlägt sich der Redner im wahrsten Sinne des Wortes den Takt. Dabei kann es auch vorkommen, dass die sprechende Person den Arm etwas länger erhoben hält, wobei zuweilen ein Wippen den Takt andeutet. Solche „Gestentaktschläge" sind Bewegungen, die während des Sprechens mit einer oder beiden Händen oder Armen ausgeführt werden, auf und ab oder vor und zurück – mal schwächer, mal stärker. Die Momentaufnahmen am Anfang des Kapitels (sie zeigen Marvin Minsky vom Massachusetts Institute of Technology im Interview) geben einen Eindruck davon.

In der Forschung nahm man zunächst an, dass diese Taktschläge eine für Hörer sichtbare Markierung des Sprechrhythmus sind und grundsätzlich mit betonten Silben zusammentreffen. Genauere Untersuchungen zeigten aber, dass die rhythmische Organisation komplexer ist. Die amerikanische Linguistin Evelyn McClave analysierte dazu – Bild für Bild – Filmaufnahmen von sprechenden Personen. Diese Methode der Tonfilm-Mikroanalyse hatte erstmals William Condon bei seinen Studien zur Selbstsynchronität eingesetzt. McClave fand heraus, dass gestische Taktschläge selbst in rhythmischen Mustern organisiert sind. Sie treten aber nicht zwingend gleichzeitig mit den betonten Silben auf, sondern mischen sich an spezifischen Stellen mit dem Sprechen und treiben quasi den Sprechrhythmus voran.

Der Rhythmus, bei dem jeder mitmuss

Ganz offensichtlich sind die sprachlichen und die beglei-
tenden gestischen Äußerungen des Menschen in einer
komplexen Harmonie „kommunikativer Rhythmen" organisiert. Die Untersuchungen der Forscher haben aber noch
mehr gezeigt: Der persönliche Äußerungsrhythmus eines
Sprechers scheint auf den Hörer überzuspringen. Es wurde
beobachtet, dass sich die kommunikativen Rhythmen eines
Sprechers in körperlichen Reaktionen des Hörers abzeich-
nen. William Condon hat dieses Phänomen „Interaktions-
synchronität" genannt. Wiederum mit der Tonfilm-Mikroanalyse konnte er nachweisen, dass sich der Körper eines
Zuhörers in Sekundenbruchteilen auf den Äußerungsrhythmus des Sprechers einstimmt und ihn in kaum merk-
lichen Körperbewegungen übernimmt. Auch McClave hat
beobachtet, dass Zuhörer die Taktschläge eines Sprechers
zuweilen mit leichten Bewegungen erwidern. Wir gehen
sozusagen „mit" – ähnlich wie beim Hören eines Walzers.
Das Einstimmen auf Rhythmen ist uns offenbar angeboren.
Selbst bei Babys hat man – schon 20 Minuten nach der
Geburt – beobachtet, dass sie auf rhythmisches Klopfen mit
spontanen Reflexbewegungen reagieren.

 „And the beat goes on …", erinnern Sie sich noch an den
Hit der Sängerin Cher? Der Titel beschreibt treffend ein
weiteres Rhythmusphänomen, das Sie am besten einmal
selbst an sich ausprobieren sollten: Spielen Sie eines Ihrer
Lieblingsstücke – ein möglichst rhythmisches – auf Ihrer
Anlage ab, spüren Sie, wie Sie sich nach wenigen Takten auf
den Rhythmus einstimmen, klopfen Sie vielleicht den Takt
mit. Dann stoppen Sie die Musik plötzlich ab. Merken Sie

etwas? Der mitempfundene Rhythmus läuft im Kopf noch ein paar Takte weiter – *the beat goes on* –, dann schläft er ein. Aber wozu könnte das gut sein?

Die akustischen „Wellen" werden empfängerseitig, beim Hörer, übernommen. Sie erzeugen eine Erwartung für die nächsten *beats* im vorgegebenen rhythmischen Muster. Das ist nicht nur mit der Musik so, sondern auch mit dem Äußerungsrhythmus eines Sprechers, auf den sich der Hörer einstimmt. Der Phonetiker James Martin hat dieses Phänomen als „rhythmische Erwartung" bezeichnet. Seiner Vermutung nach hilft dies dem Hörer beim Zergliedern gesprochener Sprache, also dem Aufteilen der Nachricht in einzelne Portionen.

Der kommunikative Rhythmus scheint einen „Puls" bereitzustellen, der die Kommunikation zwischen Sprecher und Hörer synchronisiert. Kommt jemand beim Sprechen ins Stottern, so spürt der Hörer, dass der Rhythmus zeitweilig verloren geht und wieder neu eingestimmt werden muss. Durch Erwartung eines zeitlichen Musters erleichtert der kommunikative Rhythmus – „bei dem jeder mitmuss" – beim Hörer das Zerlegen des empfangenen Signals und das Abwechseln im Dialog. So trägt er wohl auch dazu bei, dass wir bei der Unterhaltung nicht alle zur selben Zeit reden, sondern in rhythmischem Wechsel unseren Einsatz übernehmen.

9

Wörter und Sätze

Lew, der; –(s), Lewa: „Löwe"
bulgar. Münze
Lex: s. legal
lexigraphisch (gr.) Ew.: die
Wortschreibung betreffend *
lexikalisch Ew.: zum Wörterbuch gehörig : wörterbuchartig
* **Lexikograph,** der; –en, –en:
Verfasser eines Wörterbuches *
Lexikographie, die; –: Wörter-
buchverfassung * **lexikogra-**
phisch Ew.: wörterbuchartig
* **Lexikologie,** die; –: Lehre
vom Wortschatz * **Lexikon,**
das; –s, ..ka: Wörterbuch [gr.
lexis Rede, Wort]
Lezithin (gr.) das; –s: phosphor-

lettuce to liberate

or indecent. —**lewd'ly,** adv. —**lewd'-**
ness, n.
Lew·is (lōō'is), n. **Meriwether,** 1774–
1809, U.S. explorer.
lex·i·cog·ra·phy (lek'si kog'rə fē), n.
the writing, editing, or compiling of dic-
tionaries. —**lex'i·cog'ra·pher,** n. —**lex'i·**
co·graph'ic (-kə graf'ik), **lex'i·co·**
graph'i·cal, adj.
lex'i·con' (-kon', -kən), n. **1.** a diction-
ary, esp. of Greek, Latin, or Hebrew. **2.**
the vocabulary of a particular language,
field, etc. —**lex'i·cal,** adj.
Lex·ing·ton (lek'sing tən), n. a city in N
Kentucky. 225,366.
lg., 1. large. 2. long.
Lha·sa (lä'sə, -sä, las'ə), n. the capital of
Tibet, in SW China. 310,000.

© I. Wachsmuth

„Auch der Begriff der geraden Linie verliert damit seine
Bedeutung. Wir sind deshalb nicht in der Lage, relativ zur
Scheibe die Koordinaten x, y, z nach der in der speziellen
Relativitätstheorie benutzten Methode exakt zu definieren.
Solange jedoch Koordinaten und Zeiten der Ereignisse nicht
exakt definiert sind, haben auch Naturgesetze, in welchen
diese Koordinatenzeiten vorkommen, keine exakte Bedeutung."

Die menschliche Sprache hat sich im Verlauf von Zehn-
oder Hunderttausenden, vielleicht sogar Millionen von
Jahren entwickelt. Sie erlaubt es uns heute, losgelöst von
der Anwesenheit der Kommunikationspartner, Inhalte mitzuteilen, die selbst weit zurückliegende „biblische" Zeiten

oder die ferne Zukunft betreffen können. Sprache und Begriffe sind auch die Grundlage unserer Wissenschaft. Mit ihrer Hilfe werden zum Beispiel die Gesetze der Physik formuliert und mitgeteilt, so wie oben in Albert Einsteins Werk *Über die spezielle und die allgemeine Relativitätstheorie* (zuerst erschienen 1917). Einsteins Theorie hat im 20. Jahrhundert unser physikalisches Weltbild entscheidend verändert.

Die Wörter, mit denen wir unsere Welt sprachlich beschreiben, legen wir in Wörterbüchern oder Lexika nieder. Für die meisten Sprachen gibt es sie in gedruckter Form. Das Lexikon für irgendeine Sprache sind alle Wörter, die es in dieser Sprache gibt, der „Wortschatz". Ein Lexikon gibt es aber nicht nur als gedrucktes Werk, sondern jeder Mensch trägt seinen Wortschatz im Kopf mit sich herum. Man nennt diesen persönlichen Wortschatz auch das „mentale Lexikon". Es ist in unserem Sprachcortex gespeichert und kann bei Beschädigungen des Gehirns teilweise oder ganz verloren gehen. Spricht man vom aktiven und passiven Wortschatz, so unterscheidet man die Wörter danach, ob man sie selbst in der Sprache einsetzt oder nur versteht, wenn ein anderer sie benutzt. Hieraus sieht man, dass das persönliche mentale Lexikon ziemlich sicher von dem anderer Menschen verschieden ist. Oft müssen wir uns deshalb erst über den Sinn eines bestimmten Wortes verständigen, um den ganzen Satz zu verstehen.

Für jede Sprache gibt es einen beträchtlichen Freiraum, das Lexikon nach eigenem Bedarf zu formen. Natürlich kann deshalb nicht jeder Mensch dauernd Wörter mit irgendwelchen Bedeutungen nach Belieben erfinden. Wenn man Wörter nicht in ähnlicher Weise verwendet wie andere

Menschen, wird man nicht verstanden. Für erfolgreiche sprachliche Kommunikation ist es nötig, dass einerseits die Wörter überhaupt im Lexikon beider Kommunikationspartner vorhanden sind und dass sich andererseits auch die damit verbundenen Bedeutungen weitgehend entsprechen.

Wenn wir in einem fremden Land unterwegs sind, von dessen Sprache wir nur wenige Wörter kennen, benutzen wir spontan „Hände und Füße", um mitzuteilen, was wir wollen. Doch wie wichtig Wörter und Sätze sind, merken wir spätestens am Telefon, wo man Sprache einsetzen muss, oder wenn wir einen schriftlichen Hinweis vorfinden (wie „fangfrische Krabben") oder wenn wir etwas über die historischen Hintergründe einer Sehenswürdigkeit erfahren möchten.

Je unterschiedlicher zwei Kulturen sind, desto schwieriger ist es auch, zwischen ihren Sprachen zu übersetzen. Zum einen sind die entsprechenden Wörter nicht völlig deckungsgleich in der Bedeutung: So steht im Englischen das Wort für „Auge" sowohl für den gesamten Augenbereich mit Lidern und Brauen als auch für den Augapfel allein, im Japanischen nur für das erste und im Mongolischen nur für das zweite, also den Augapfel. Zum anderen fehlen möglicherweise bestimmte Wörter, weil die damit bezeichneten Inhalte nicht in jeder Kultur eine Rolle spielen: Zum Beispiel fehlt ein Wort für „Palme" bei den Eskimos und eins für „Schnee" bei den Zulus.

In den 1950er-Jahren hat der amerikanische Linguist Morris Swadesh eine Liste von Begriffen erstellt, die zum Vergleich von Sprachen, die sich historisch aus einer gemeinsamen Ursprache entwickelt haben, dienen sollten. Er wollte herausfinden, ob all diese Sprachen über Wörter

mit vergleichbaren Bedeutungen verfügen. Für die indoeuropäischen Sprachen – mit etwa drei Milliarden Mut-
tersprachlern bislang die umfangreichste Sprachfamilie der
Welt – fand Swadesh zunächst 200 Begriffe, für die es in
allen Sprachen eigene, somit nicht anderen Sprachen ent-
lehnte Wörter gibt. Um auch Vergleiche außerhalb der
indoeuropäischen Sprachfamilie anstellen zu können, redu-
zierte er diese Liste weiter auf 100 Wörter. Sie sind in der
nachstehenden Tabelle auf Deutsch aufgeführt, und wie
man sieht, sind „Palme" und „Schnee" nicht dabei. Man
nimmt an, dass die aufgelisteten Begriffe in den meisten
Kulturen zur Alltagssprache gehören und in frühem Alter
erlernt werden.

Mehrere Zehntausend Wörter umfasst aber der mutter-
sprachliche (passive) Wortschatz eines Erwachsenen, und
die Gesamtgröße des deutschen Wortschatzes wird gar auf
mehrere Hunderttausend Wörter geschätzt. Damit wir uns
sprachlich erfolgreich verständigen können, müssen wir
zunächst die Wörter überhaupt kennen, sie in unserem
mentalen Lexikon gespeichert haben. Fehlt mir das Wort
„Zucchini" oder „Topinambur" oder „Carambola", dann
werde ich schon beim Hören oder Lesen dieser Wörter
stutzen. Selbst wenn ich sie kenne, heißt das noch nicht,
dass ich weiß, zu welchem Gegenstand ich im Laden grei-
fen muss, wenn „Carambola" auf der Einkaufsliste steht.
Ich benötige auch Wissen darüber, worauf sich das Wort
bezieht, auf welche Dinge unserer Welt es verweist, denn
das sieht man dem Wort selbst nicht an.

Mit den Namen, die wir Dingen geben, beginnt der über
Sprache mögliche weitreichende Bezug auf unsere Welt.
Von Begriffen wie „Zucchini" oder „Carambola" führt

Tabelle 9.1 Die Swadesh-Liste (nach Miller 1981)

1. ich	26. Wurzel	51. Brüste	76. Regen
2. du	27. Rinde	52. Herz	77. Stein
3. wir	28. Haut	53. Leber	78. Sand
4. dies	29. Fleisch	54. trinken	79. Erde
5. das	30. Blut	55. essen	80. Wolke
6. wer	31. Knochen	56. beißen	81. Rauch
7. was	32. Fett	57. sehen	82. Feuer
8. nicht	33. Ei	58. hören	83. Asche
9. alle	34. Horn	59. wissen	84. brennen
10. viele	35. Schwanz	60. schlafen	85. Pfad
11. eins	36. Leder	61. sterben	86. Berg
12. zwei	37. Haar	62. töten	87. rot
13. groß	38. Kopf	63. schwimmen	88. grün
14. lang	39. Ohr	64. fliegen	89. gelb
15. klein	40. Auge	65. gehen	90. weiß
16. Frau	41. Nase	66. kommen	91. schwarz
17. Mann	42. Mund	67. liegen	92. Nacht
18. Mensch	43. Zahn	68. sitzen	93. heiß
19. Fisch	44. Zunge	69. stehen	94. kalt
20. Vogel	45. Klaue	70. geben	95. voll
21. Hund	46. Fuß	71. sagen	96. neu
22. Laus	47. Knie	72. Sonne	97. gut
23. Baum	48. Hand	73. Mond	98. rund
24. Same	49. Bauch	74. Stern	99. trocken
25. Blatt	50. Hals	75. Wasser	100. Name

er zu „Gemüse" und „Obst" über „Nahrungsmittel" zu „Ackerbau" und „Ernte" und so fort. Bevor wir von Relativitätstheorie, Gentechnik oder Umweltschutz reden konnten, musste ein riesiges Gebäude aufeinander aufbauender, zunehmend abstrakter Begriffe geschaffen werden, die nun die Tragpfeiler für Wissenschaft, Kultur und Technik sind. Erst mit Wörtern und Sätzen lassen sich konkrete Dinge, aber auch abstrakte Vorstellungen über Raum und Zeit (wie die Koordinatenzeiten der Relativitätstheorie) in einen Zusammenhang bringen und mitteilen.

Sprache ist somit ein wesentliches Kapital unserer kommunikativen Fähigkeiten. Dass der Mensch über eine hochentwickelte Wortsprache mit Satzbau (Syntax) und Grammatik verfügt, unterscheidet ihn von allen Tieren. Was diesen Unterschied ausmacht und wie es dazu gekommen sein könnte, soll nun etwas näher beleuchtet werden.

Laute, Wörter und Sätze

Mit unserer Katze „unterhalte" ich mich gern. Wenn ich zum Beispiel sage „Willst du herzhafte Schlemmer-Terrine?", kommt sie mit einem abgehackten „Mja! Mja!" herbeigelaufen, und wenn ich ihr dann von dem Futter gebe, gurrt sie auf eine ganz eigene Weise. Diese Art der Unterhaltung – ich sprachlich und sie mit ihrem differenzierten Repertoire von Katzenlauten – können wir ausführlich gestalten, und sie trifft ihren Einsatz recht gut im Wechsel mit meinem – besonders dann, wenn ich am Ende die Stimme fragend hebe. Doch damit kann ich wohl kaum mehr als Lautbotschaften übermitteln, und unser Kommunikationsspiel hat nur im täglich geübten Ablauf der Nahrungszuteilung seinen Sinn. Dass wegen Umstellung auf Winterzeit das Futter heute eine Stunde später serviert wird, kann man seinem Tier dagegen schwerlich mitteilen, wenn es sehr verlässlich deutlich macht, dass es Nahrung begehrt.

Die Sprachfähigkeiten des Menschen lassen sich am ehesten mit denen der Menschenaffen vergleichen. Die Laute der Affen haben mit der gesprochenen Sprache des

Menschen gemeinsam, dass sie mit dem gleichen Stimmapparat erzeugt werden wie beim Menschen. Zwar können
Affen keine artikulierten Wörter hervorbringen: Bei ihnen
fehlen wichtige Nervenverbindungen zwischen der Mund-
und der Kehlkopfmuskulatur. Bei intensivem Training
können Menschenaffen jedoch Zeichensprachen erlernen
(mehr dazu im 15. Kapitel) und damit zwei oder auch drei
Zeichen zu einfachen Sätzen kombinieren, wie es Kinder ab
dem Alter von etwa zwei Jahren tun.

Aber nur im Gehirn des Menschen findet sich ein Zentrum, das für Grammatik und komplexe Syntax der Sprache
zuständig ist: das Broca-Areal, ein entwicklungsgeschicht-
lich jüngerer Gehirnbereich. Es ermöglicht uns, Wörter zu
verschachtelten Sätzen zusammenzubauen, was den Menschenaffen nicht gelingt – selbst den Schimpansen nicht,
die genetisch mit dem Menschen eng verwandt sind. Das
Broca-Sprachzentrum beginnt beim Menschen im zweiten
bis dritten Lebensjahr zu reifen. Damit nimmt die Entwicklung der Sprache beim Kleinkind schnell zu, es kann
bald Sätze mit mehr als drei Wörtern bilden. Mit der differenzierten Wort- und Satzsprache erhöhen sich die kognitiven Fähigkeiten von Kindern stark gegenüber denen der
Tiere.

Doch wozu gibt es überhaupt Syntax, also die Möglichkeit, aus Wörtern Sätze nach Regeln des Satzbaus zu bilden?
Eine erste Antwort ist gar nicht schwer: Man spart Wörter.
Die Notwendigkeit, sich über immer mehr Sachverhalte
mit speziellen Wörtern verständigen zu wollen, würde
ein immenses Vokabular erfordern – für jeden neu auszu-
drückenden Gedanken ein neues Wort! Das Kombinieren
von Wörtern zu Sätzen führt dagegen zu einem unerschöpf-

lichen Vorrat von Ausdrucksmöglichkeiten; bereits mit wenigen Wörtern lassen sich kaum vorstellbar viele Wortkombinationen schaffen.

Angenommen wir hätten zehn Wörter für den Anfang eines Satzes zur Auswahl, zehn weitere für das zweite Wort (was 100 mögliche Satzanfänge aus zwei Wörtern ergibt), zehn für das dritte (1 000 Anfänge aus drei Wörtern) und so weiter. Dann liegt die Zahl möglicher Sätze aus 20 Wörtern bei 10^{20} (100 000 000 000 000 000 000), das sind hundert Millionen Billionen! Darunter wären allerdings auch unsyntaktische Wortreihungen, denn nicht jede beliebige Kombination von Wörtern entspricht den grammatischen Regeln der Sprache. Doch Sie können sicher sein, dass sich in diesem Vorrat immer noch ein gewaltiges Repertoire an richtigen Sätzen finden lässt.

„Die, die da da waren"

Eine zweite Antwort, wozu es Syntax gibt: Man kann verschachtelte Sätze bauen. „Die, die da da waren, konnten ein tolles Konzert erleben, das noch lange in Erinnerung bleiben wird." Mit solchen Sätzen können wir Bezüge herstellen, zwischen Ereignissen und Personen, zwischen Vergangenheit und Zukunft.

Wie kommt aber der Mensch schon im Kindesalter, lange bevor Grammatik und Syntax in der Schule gelehrt werden, zu seinen grammatischen Fähigkeiten? Der amerikanische Linguist Noam Chomsky – für seine weitreichenden Beiträge zur Sprachwissenschaft bekannt – hält sie für angeboren. Ihn erstaunte nicht nur das Tempo, mit dem

Kinder Sprachen lernen, sondern auch, dass es in der ganzen Welt auf ähnliche Weise geschieht. Gestützt auf solche Beobachtungen entstand seine These, dass eine „angeborene geistige Struktur" die entscheidende Rolle beim kindlichen Spracherwerb spielt. Diese Annahme könnte insbesondere erklären, wie schon Kinder nicht nur gelernte Sätze reproduzieren, sondern auch kreativ neue Sätze zu bilden vermögen.

Noch immer ist es aber unklar, welche Umstände im Laufe der Evolution beim Menschen, anders als beim Affen, zur Entwicklung syntaktischer Fähigkeiten geführt haben, als sich vor vielleicht fünf Millionen Jahren die Entwicklungslinie des Schimpansen von der des Menschen trennte. Hier gehen die Meinungen weit auseinander. Nach Ansicht einiger Forscher hat die menschliche Sprache ihren Ursprung in Gesten: Mit der Entwicklung des aufrechten Gangs beim Urmenschen wurden die Hände für den Gebrauch von Werkzeugen frei; parallel dazu könnten kommunikative Handgesten entstanden sein, die später durch Laute unterstützt wurden und zu den ersten Wörtern geführt haben mögen.

Andere Forscher – so der in Kapitel 3 schon erwähnte Neurobiologe Uwe Jürgens – glauben, dass der Aufbruch der Sprache mit dem zunehmend gezielten Einsatz von Lauten begann: In der Stammesgeschichte des Menschen waren erste willkürlich erzeugte Laute demnach vielleicht Imitationen von Tierstimmen zum Anlocken von Jagdwild oder auch Imitationen von Umweltgeräuschen, um Gruppengenossen auf etwas aufmerksam zu machen. Aufgrund ihres lautmalenden Charakters wurden sie spontan verstanden. Unterstützt wurden die Lautäußerungen möglicherweise von gestischen Körperbewegungen, wie man sie auch bei Affen beobachtet.

Ein zweiter Entwicklungsschritt könnte eine lautliche Standardisierung gewesen sein. Das heißt, die Lautäußerungen verschiedener Mitglieder einer Gruppe haben sich so angeglichen, dass für eine bestimmte Sache immer der gleiche Laut verwendet wurde. Die ersten „Wörter" entstanden vermutlich in der Form von Einwortsätzen (ähnlich wie ein Kleinkind „Haben!" sagt, um etwas zu bekommen) und die ersten Mehrwortsätze als einfache Aneinanderreihung von Wörtern („Saft haben!"). Ein weiterer wichtiger Schritt war die Zergliederung komplexer Laute in Untereinheiten – das sind die Phoneme, von denen in Kapitel 5 schon die Rede war. Deren Kombination erlaubte es, neue Wörter in großer Zahl zu bilden und damit den Wortschatz stark zu erweitern.

Der entscheidende letzte Entwicklungsschritt lag in der Entstehung von Sätzen mit komplexer Syntax, also mit Nebensätzen, Zeitformen und auch dem Konjunktiv. Dadurch wird die Sprache einerseits unabhängig von begleitender Gestik (statt „Ich will das haben!" und darauf zu zeigen, kann man etwa sagen „Ich hätte gern, was du in der rechten Hand hast"), andererseits lassen sich Aussagen damit auch auf Vergangenes, Zukünftiges oder Mögliches beziehen.

Vom Sprechen zum Reflektieren

In der Entwicklung der sprachlichen Fähigkeiten von Kindern spiegeln sich die Etappen der Sprachevolution wider.

Mehr noch, sie führen schließlich dahin, dass ein Reflektieren der eigenen Gedanken möglich wird. Der amerikanische Psychologe Jerome Bruner hat die Etappen der Entwicklung sprachlicher Fähigkeiten bei Kindern erforscht. Die erste Etappe ist, so Bruner, dass ein Kind auf einen Gegenstand zeigt und ein Wort sagt, zum Beispiel „Katze". So wird das Wort an den Gegenstand und damit an eine Bedeutung geknüpft. Eine zweite Etappe ist es, dass Wörter sprachlich mit anderen Wörtern in Beziehung gesetzt werden können, zum Beispiel wenn man sagt: „Katzen sind Tiere." In einer dritten Etappe lernt jeder von uns, über sprachliche Beziehungen zu sprechen, als wenn sie selbst Gegenstände wären, zum Beispiel: „‚Katzen sind Tiere' ist ein Aussagesatz." Hiermit wird auf übergeordneter gedanklicher Ebene (Metaebene) ein ebenfalls gedanklicher Gegenstand betrachtet und im Sprechen reflektiert. So etwas ist nur mit komplexer Syntax zu meistern!

Auf den Stellenwert einer reflektierenden Sprache hat auch der russische Psychologe Lew Wygotski mit seinem Buch *Denken und Sprechen* hingewiesen. Aus der sozialen, kommunikativen Sprache entsteht nach seiner Theorie eine „egozentrische", funktionale Sprache. Als nach innen verlagerter Dialog mit einem fiktiven Gegenüber (ursprünglich der elterlichen Bezugsperson) erlaubt sie uns, im eigenen Denken zwei verschiedene Standpunkte einzunehmen und das Für und Wider einer erwogenen Handlung für uns allein zu erörtern.

Doch mehr noch: Die Wörter und Sätze, die wir „in uns hören", verkörpern auch unsere Gedanken. Was wir eben noch sagen wollten, geht manchmal verloren, wenn uns das entscheidende „Stichwort" entgleitet, oder wie es Wygotski

– im Kapitel „Gedanke und Wort" – fast poetisch formuliert:

> „Ich habe das Wort vergessen,
> Das ich sagen wollte,
> Und körperlos kehrt der Gedanke
> Ins Prunkgemach der Schatten zurück."

10

Dem Denken auf der Spur

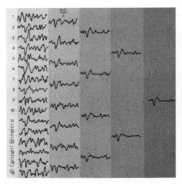 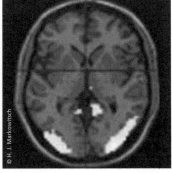

„Er bestrich den warmen Toast mit Socken."

Ich bin gespannt, ob es Ihnen ähnlich geht wie mir, wenn Sie diesen Satz hören oder lesen. Als ich ihn zum ersten Mal hörte, spürte ich deutlich einen inneren Widerstand gegen das letzte Wort – es passt so gar nicht zum Sinn des Satzfangs; mit einem Wort wie „Butter" oder „Honig" wäre das nicht der Fall. Unser Gehirn denkt offenbar so schnell mit, dass wir das unpassende Wort in dem Moment, wo es gesagt wird, nicht mehr akzeptieren wollen oder uns vergewissern, ob wir richtig gehört haben. Mit solchen Sätzen begann die Neurowissenschaftlerin Marta Kutas in den 1980er-Jahren im kalifornischen San Diego, das Verstehen von Sprache mit Hirnexperimenten zu untersuchen. Dabei zeichnete sie die Hirnaktivität ihrer Versuchspersonen mit einem sogenannten Elektroenzephalogramm auf. Tatsächlich drückte sich das innerliche Auflehnen gegen das unerwartete Wort bei den Probanden mit einem deutlich erkennbaren Ausschlag im Signal aus.

Signale aus dem Hirn

Aber wieso lassen sich Vorgänge im Gehirn mit einem Elektroverfahren erfassen? Zu einem wesentlichen Teil beruht die Hirnaktivität auf elektrischen Impulsen der Nervenzellen (Neuronen). Dieses „Feuern" der Nervenzellen verursacht Potenzialschwankungen und damit Hirnströme. Die Hirnströme lassen sich mit der Elektroenzephalographie (EEG) – zu deutsch etwa „Aufzeichnung der elektrischen Vorgänge im Kopf" – aufnehmen und abbilden. Dazu werden auf der Schädeloberfläche der Versuchsperson viele kleine Messfühler angebracht (die Haare müssen dafür nicht abrasiert werden, aber die Frisur könnte etwas leiden). Die Signale aus dem Hirn betragen manchmal nur ein Millionstel Volt, darum werden empfindliche Messverstärker eingesetzt. Mit den Messfühlern kann man aber nur Signale erfassen, die von Strömen dicht unter der Schädeloberfläche stammen.

Um Hirnströme tiefer im Schädel zu messen, wird ein anderer Effekt genutzt: Die Hirnströme erzeugen nämlich auch magnetische Felder, und diese durchdringen die Hirnsubstanz selbst aus größerer Tiefe unbeeinflusst. Die Magnetfelder lassen sich mit der Magnetoenzephalographie

(MEG) – „Aufzeichnung der magnetischen Vorgänge im Kopf" – erfassen. Allerdings betragen die von den Hirnströmen verursachten Magnetfelder nur Bruchteile eines Billionstel Tesla (Maßeinheit des Magnetfeldes). Im Vergleich dazu ist das schwache Erdmagnetfeld mit etwa einem Zehntausendstel Tesla geradezu riesig. Deshalb ist die bei solchen Untersuchungen eingesetzte Messkabine mit dicken Wänden aus Spezialmetall gegen Störquellen abgeschirmt. Mit höchst empfindlichen Detektoren, die wie Krakensaugnäpfe aussehen, lassen sich die Magnetfeldsignale des Hirns auffangen. Dazu bekommt man eine Apparatur auf den Kopf gestülpt, die wie eine riesige Trockenhaube aussieht. Weit über hundert Detektoren sind darin untergebracht. Aus technischen Gründen müssen sie auf −269 Grad Celsius gekühlt werden; dazu benutzt man flüssiges Helium – eine teure Sache, denn die Jahresverbrauchskosten entsprechen dem Kaufpreis einer Luxuslimousine.

Bei beiden Verfahren – EEG und MEG – geben die Signale allerdings nur die Summe der gesamten Hirnaktivität an den Messorten wieder. Im Hirn feuern ja ständig viele Nervenzellen, nicht nur diejenigen, die als Antwort auf einen zu untersuchenden Reiz erregt werden. Bei dieser sogenannten Hintergrundaktivität des Hirns ist es nahezu unmöglich, darin das bei der Verarbeitung eines spezifischen Ereignisses auftretende Signal (man nennt es „Korrelat") direkt zu erkennen. Deshalb bedient man sich eines Tricks.

Will man beispielsweise die von einem bestimmten Sinnesreiz – etwa einem Pieksen am Finger – hervorgerufene Hirnaktivität bestimmen, wird der Testreiz mehrmals gesetzt; die Versuchsperson muss sich also wiederholt pieksen lassen. Dabei wird die Hirnaktivität jedes Mal aufgezeichnet und anschließend in mehreren Schritten der Mittelwert bestimmt. Auf diese Weise kann man den zu messenden Reiz von den permanent im Hirn ablaufenden Prozessen isolieren, das heißt, es werden die Effekte der Hintergrundaktivität des Gehirns zugunsten des jedesmal gleich ausfallenden Reizes herausgefiltert. Man erhält ein klares Signal, das aus einer Folge positiver und negativer Ausschläge oder „Spitzen" besteht, das sogenannte ereigniskorrelierte Potenzial (EKP).

Ein solches EKP ist auf dem ersten Bild am Kapitelanfang zu sehen: Dort sind links 16 Einzelmessungen eines Testreizes dargestellt, in denen man kaum mehr als wild gezackte Kurven erkennt. Durch mehrmaliges Mittelwertbilden wird schließlich ein Signal isoliert (rechts im Bild), bei dem das Auf und Ab der von dem Sinnesreiz verursachten Potenzialschwankung (das EKP) charakteristisch hervortritt: Die nicht mit dem Reiz gekoppelte Hintergrundaktivität des Hirns wurde herausgefiltert.

Die verschiedenen positiven und negativen Spitzen eines EKPs lassen sich neuronalen Verarbeitungsschritten in bestimmten Hirnregionen zuordnen. Zum Beispiel erzeugt das Pieksen an einem Finger in der sensorischen Hirnrinde nach 20 Millisekunden eine Antwort in Form einer negativen Spitze – man schreibt dafür kurz „N20" – und nach 25 Millisekunden eine positive Spitze (kurz: P25). Auch bei visuellen Reizen stellt man eine charakteristische – etwas langsamere – Abfolge von negativen und positiven Spitzen fest, die die Verarbeitungsschritte in der Sehrinde kennzeichnet. Ein akustischer Reiz, etwa ein kurzer Piepton, erzeugt viele Ausschläge, an denen sich die Verarbeitung des Signals vom Hörnerv bis zum Hörcortex verfolgen lässt.

Bei allen Reiztypen spiegeln spätere Ausschläge weitere Verarbeitungsprozesse des Gehirns wider. So tritt nach etwa 300 Millisekunden eine positive Spitze im Signal auf (P300), die mit der Wahrnehmung und Unterscheidung eines Reizes einhergeht. Sie ist besonders ausgeprägt, wenn man seltene von häufigen Reizen unterscheiden muss, zum Beispiel wenn in einer Folge von vielen tiefen Pieptönen die wenigen eingestreuten hohen Töne zu zählen sind.

Noch spezifischer ist die N400 – eine negative Spitze, die etwa 400 Millisekunden nach dem Reiz auftritt. Sie zeigt sich ausschließlich bei semantischer, das heißt bedeutungsbezogener Verarbeitung, zum Beispiel wenn ein unerwartetes Wort den Ablauf stört, wie in dem anfangs erwähnten Satz „Er bestrich den warmen Toast mit Socken". Wird statt „Socken" das Wort „Honig" gesagt, tritt der Effekt nicht auf. Der N400-Effekt ist ein wahrer Klassiker in vielen Hirnstudien. Er wird beispielsweise auch bei Rechenaufgaben mit falschen präsentierten Ergebnissen (wie $3 \times 4 = 16$) ausgelöst, und zwar umso stärker, je mehr das falsche vom richtigen Ergebnis abweicht (also stärker, wenn etwa $3 \times 4 = 36$ präsentiert wird). Dies unterstreicht, dass der N400-Effekt mit der Bedeutungsverarbeitung im Denken zusammenhängt, genauer, wenn wir über eine unerwartete Information stolpern.

EEG und MEG können neuronale Prozesse bis zu einer Millisekunde genau zeitlich auflösen. Das ist für die Aufklärung von Verarbeitungsabfolgen im Gehirn wichtig. Hingegen kann man damit den Ort der Aktivität nicht sehr präzise feststellen, das heißt, wir erfahren nicht, welche Hirnareale genau beteiligt sind, wenn wir zum Beispiel einen komplizierten Satz verstehen. Das gelingt jedoch mit sogenannten bildgebenden Methoden. Diese Methoden beruhen darauf, dass neuronale Erregungen – also Aktivitäten der Nervenzellen – von einer lokalen Erhöhung der Hirndurchblutung und des Hirnstoffwechsels begleitet sind. So lassen sich aktive Hirnregionen sichtbar machen.

Bilder vom aktiven Hirn

Als Wilhelm Conrad Röntgen gegen Ende des 19. Jahrhunderts mit den später nach ihm benannten Strahlen erstmals menschliche Skelettstrukturen abbildete, begründete er die bildgebenden Methoden. Erst 70 Jahre später begann die Entwicklung neuartiger computergestützter Verfahren, die – weit über die Darstellung einer Knochenhand hinaus – Bilder aus dem lebenden Körper vermitteln. Sie haben nicht nur die medizinische Diagnostik revolutioniert, sondern auch beeindruckende Möglichkeiten für die Hirnforschung mit sich gebracht, die Röntgen kaum ahnen konnte.

Den Anfang machte die Computertomographie (CT), die mit Röntgenstrahlen arbeitet; seit etwa 1970 können mit diesem Verfahren Schnittbilder, also Darstellungen einzelner Schichten des Körpers erstellt werden. Sie wurde in den 1980er-Jahren ergänzt und in vieler Hinsicht übertroffen von der Magnetresonanztomographie (MRT), auch Kernspintomographie genannt. Diese Methode belastet den Körper deutlich weniger als die Computertomographie; statt Röntgenstrahlen verwendet sie Radiowellen in einem mehrere Tesla starken Magnetfeld, das mit großen und sehr tief gekühlten Spulen erzeugt wird. Ein Schnittbild des Gehirns beruht hier darauf, dass die Wasser- und

Fettverteilung im Hirngewebe das Magnetfeld unterschiedlich beeinflusst, was sich dann im Bild niederschlägt. So konnte man zunächst anatomische Darstellungen der Hirnstrukturen gewinnen, aber noch keine Bilder vom aktiven Hirn.

Entscheidende Durchbrüche gelangen dann mit der Positronenemissionstomographie (PET), bei der schwach radioaktive Substanzen die aktiven Bereiche im Hirn markieren, und vor allem mit der in den frühen 1990er-Jahren entwickelten funktionellen Magnetresonanztomographie (fMRT). Mit solchen „Hirnscannern" lässt sich die Aktivität der Neuronen in feinsten Details abbilden. Daraus ziehen die Forscher Rückschlüsse auf Verarbeitungsprinzipien des Gehirns.

Will man die Hirnaktivität einer Versuchsperson bei einer bestimmten Aufgabe beobachten, muss diese den Kopf in die Messröhre des Scanners legen. Dabei kann man ihr auf einem Display visuelle Testreize zeigen oder auch akustische Reize ins Ohr spielen – über Kopfhörer, denn der Scanner verursacht während der Messung einen „Höllenlärm", er summt und klopft. Wegen des starken Magnetfeldes muss zudem alles metallfrei sein, damit die Messung nicht verfälscht wird (auch Armbanduhr und Brille sind vorher abzugeben). Durch Fingerdruck kann die Versuchsperson Antwortschalter bedienen und so auf Testreize reagieren. Den Kopf darf sie aber für die Dauer der Aufnahme nicht bewegen, denn sonst werden die Bilder unscharf.

Für Messungen, die das Hirn in Funktion abbilden sollen, macht man sich die erhöhte Stoffwechselrate in den durch die Aufgabe geforderten Hirnbereichen zunutze. Je intensiver wir über eine bestimmte Sache nachdenken, desto stärker ist die neuronale Erregung (und damit der Stoffwechsel) in den beteiligten Hirnbereichen. Durch die vermehrte Aktivität verbrauchen die Nervenzellen dort mehr Sauerstoff. Das Hirn gleicht den Sauerstoffverlust durch erhöhten Blutzustrom in diese Bereiche aus; dabei steigt der Sauerstoffgehalt an. Dieser Anstieg wird mit einer Verzögerung von einigen Sekunden beobachtet; Grund dafür ist, dass das sauerstoffarme und das sauerstoffreiche Blut das Magnetfeld im Scanner unterschiedlich beeinflussen, was sich im Bild farblich sichtbar machen lässt. Ähnlich wie im Wärmebild einer Thermokamera „leuchtet" das Hirn dann an den Stellen, wo die Nervenzellen gerade aktiv gewesen sind.

Während des Experiments wird wiederholt der Sauerstoffgehalt in mehreren Schichten des Hirngewebes gemessen und später statistisch ausgewertet. So stellt sich heraus, in welchen Hirnregionen die Aktivität bei der Testaufgabe zunimmt. Diese Stellen werden dann auf anatomischen Schnittbildern des Hirns farbig dargestellt und ergeben so die typischen Bilder, wie zum Beispiel das zweite Bild am Kapitelanfang. Die leuchtenden Stellen markieren die örtliche Zunahme des Hirnstoffwechsels, die mit der Testaufgabe einhergeht und die vermehrte neuronale Aktivität in diesem Hirnbereich anzeigt.

Recht gut funktioniert das Verfahren bei sensorischen oder motorischen Experimenten, mit denen man zum Beispiel die Hirnaktivität feststellen will, wenn die Versuchsperson einen Fingerpieks spürt oder mit dem Finger wedelt. Schwieriger wird es bei der gezielten Untersuchung von Denkvorgängen, da das Hirn eigentlich immer an etwas denkt. Deshalb bedient man sich wieder eines Tricks.

Man lässt die Versuchsperson zunächst an etwas Bestimmtes denken, was der Experimentator kennt (das nennt man die „Ruhebedingung"). Zum Beispiel lässt man sie stumm Zahlen benennen, die auf dem Display gezeigt werden. Will man jetzt messen, wo das Hirn beim Kopfrechnen aktiv wird (das nennt man die „aktive Bedingung"), lässt man die Versuchsperson auf Kommando nicht die gezeigte Zahl, sondern etwa die mit drei multiplizierte Zahl im Kopf berechnen. Durch den Vergleich beider Bedingungen – der Ruhebedingung und der aktiven Bedingung – stellt man die Hirnareale fest, die beim Rechenvorgang aktiviert wurden.

Besonders die bildgebenden Verfahren (es gibt noch etliche weitere) machen es heute möglich, dem Hirn beim Denken „zuzuschauen" und damit zum Beispiel Einblicke in die Vorgänge des Sprachverstehens zu erlangen. Mit dem Hirnscanner kann man punktgenau feststellen, *wo* etwas im Hirn geschieht. Doch auch die zuvor betrachteten Methoden der Elektro- und der Magnetoenzephalographie liefern wichtige Aufschlüsse, denn damit lässt sich der zeitliche Ablauf der Geschehnisse im Gehirn präzise ermitteln. Die Methoden haben somit unterschiedliche Vorteile, die sich gegenseitig ergänzen.

Dass man so auch jemanden beim Lügen ertappen kann, soll nicht unerwähnt bleiben. So haben Wissenschaftler an der University of Pennsylvania im Scanner gemessen, was im Hirn geschieht, wenn Versuchspersonen über die Spielkarten, die sie auf der Hand haben, falsche Auskunft geben. Beim Lügen war eine bestimmte Region des Gehirns auffällig aktiv: der vordere Teil des sogenannten Gyrus cinguli, eine Windung der Hirnrinde, die immer beteiligt ist, wenn wir unser Handeln aufmerksam überwachen und bewerten.

Was man jedoch mit Hilfe der modernen Messmethoden über das Sprachverstehen lernt – zum Beispiel über den Ablauf beim Verstehen eines komplizierten Satzes – soll im nächsten Kapitel genauer betrachtet werden.

11

Wie versteht man Sprache?

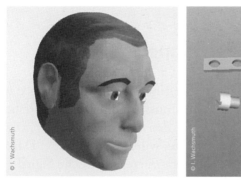 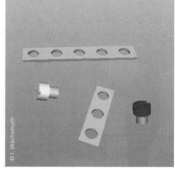

„Jetzt stecke die gelbe Schraube in die lange Leiste."

Was unser aufmerksam zuhörender Max „denkt" (siehe Bild oben), wenn er einen solchen Satz hört, und in welcher Weise er ihn „versteht", soll ganz am Ende dieses Kapitels thematisiert werden. Das Verstehen von Sprache zählt zu den zentralen Fähigkeiten unserer Intelligenz. In Kapitel 9 „Wörter und Sätze" war schon erwähnt, dass sich der Mensch hierin von allen anderen Lebewesen unterscheidet. So dürfte auch die Frage spannend sein, wie ein Maschinenwesen mit künstlicher Intelligenz auszustatten ist, damit es Sprache versteht.

Was alles beim menschlichen Sprachverstehen im Spiel ist, bleibt uns in der Regel verborgen. Denn die Prozesse, die dabei in unserem Kopf ablaufen, sind uns nicht unmittelbar zugänglich. Mit den im vorigen Kapitel erklärten Methoden der Hirnforschung konnten aber viele detaillierte Einsichten gewonnen werden. Über einiges davon soll im Folgenden berichtet werden. Beginnen wir erst einmal mit einem einfachen Beispiel.

Das Grüne in der Suppe

Stellen wir uns vor, wir hören einen Satz wie „Was ist das Grüne in der Suppe?". Dann muss unser Hirn eine Reihe von Teilproblemen lösen, um den Satz zu verstehen. Das erste Problem ist: Welche Wörter wurden übermittelt? Dazu muss man zuerst das wahrgenommene akustische Signal – Klangmuster – als Folge von Wörtern erkennen. Denn da in der Regel niemand die Wörter einzeln und abgehackt spricht, klingt das Gehörte zunächst etwa wie:

„wasistdasgrüneindersuppe"

Dabei signalisiert die am Ende ansteigende Sprachmelodie bereits, dass etwas gefragt wird. (Sie können das leicht nachvollziehen, indem Sie diese Frage einmal nur mit „mm-mm-mm-mm…" vor sich hinsagen und am Ende die Betonung anheben.) Hat man in unserem Beispiel die einzelnen Wörter erkannt, so ist das nächste Problem das Erkennen einer Folge von Wörtern als Satz, die Syntax. Hier geht es um die Analyse der Satzstruktur, also den Aufbau aus Satzteilen, wie sie durch die deutsche Grammatik definiert sind. In unserem Beispiel betrifft das den Satzbau aus Subjekt, Prädikat, Objekt und dem Schema der Fragebildung.

Das nächste Problem ist es, den Sinn des Gesagten – die Semantik – zu ermitteln. Im Beispiel betrifft dies die Beschreibung des sachlichen Gehalts in irgendeiner Form, also dass es um ein x geht, das grün ist, und um ein y, das Suppe ist, dass das x in dem y ist, und dazu noch, dass nach dem x gefragt wird.

Schließlich gilt es festzustellen, was mit der Frage beabsichtigt ist, mit welchem „Hintergedanken" der Sprecher sie geäußert hat – die Pragmatik. Die Pragmatik von Äußerungen ist eine schwierige Sache und führt gelegentlich zu Missverständnissen. Die Frage in unserem Beispiel könnte rein informativ gedacht sein (dieses Kraut kenne ich nicht), als Lob (das schmeckt ja klasse) oder als Kritik (das Grüne ist mir suspekt). Eine Antwort auf die Frage „Was ist das Grüne in der Suppe?" wäre möglicherweise: „Wenn es dir hier nicht schmeckt, kannst du ja woanders essen gehen!"

Sprachverstehen ist somit ein Prozess, der in mehreren Etappen abläuft, von der Erkennung einzelner Wörter anhand ihrer Klangmuster bis hin zur Interpretation der gesamten sprachlichen Nachricht. Ist der Prozess in allen Etappen erfolgreich, wird der Empfänger kurze Zeit später eine Bedeutung empfinden, bei der er an Suppe denkt, wenn „Suppe" gesagt wird, usw. Die Semantik von „Suppe", also der Wortinhalt, kann wiederum sprachlich assoziiert sein (eine heiße, herzhafte, mehr oder weniger flüssige Speise, oder so ähnlich), sich eventuell auch in körperlichen Reaktionen ausdrücken (möglicherweise läuft uns „das Wasser im

Mund zusammen"). Zunehmend tiefere Schichten unseres Wissenssystems werden aktiviert, bis wir die Bedeutung der Wörter und schließlich die Satzbedeutung innerlich nachempfinden.

Erinnern Sie sich, dass in Kapitel 9 „Wörter und Sätze" vom mentalen Lexikon die Rede war, in dem unsere Wortbedeutungen im Gehirn aufgehoben werden. Für die sogenannten Inhaltswörter (Nomen, Adjektive, Verben) finden sich dort die Wortinhalte, die mit diesen Wörtern vermittelt werden. Unser mentales Lexikon hält aber auch syntaktische Informationen zu den Wörtern vor. Zu jedem uns bekannten Wort speichert es Informationen über die Wortart (etwa: Nomen, Verb, Präposition) und Wortform (für Nomen: Singular, Plural, Nominativ, Genitiv etc.; für die Verben: Aktiv, Passiv, Gegenwart, Vergangenheit etc.). Entsprechendes gilt für die Artikel und die sogenannten Funktionswörter (weil, für, auf, in, von etc.).

Weil wir all dies – eher unbewusst – im Repertoire haben, widerstrebt uns ein Satz wie „Die Kiste wird von dem Mannes geschleppt". Zwar kennen wir die Bedeutung der darin vorkommenden Inhaltswörter (Kiste, Mann, schleppen), doch wird hier offensichtlich gegen die Regeln der Grammatik verstoßen. Dass wir es sofort merken, liegt daran, dass unser Gehirn über einen Grammatikanalyse-Apparat verfügt. Der sträubt sich bei dem Versuch, die Wörter in eine Satzstruktur einzuordnen, gegen die Verwendung des Worts „Mannes" (Genitiv) mit der Passivkonstruktion des „wird von dem". Unsere Grammatikanalyse funktioniert sogar dann, wenn wir Wörter in ihrer Bedeutung nicht kennen, wie wir gleich sehen werden.

Das mumpfige Fölöfel

„Das mumpfige Fölöfel höngert das apoldige Trekon." Hat dieser Unsinnssatz eine korrekte Syntax? Können Sie ihn gar in die Passivform umsetzen? Dann werden Sie einsehen, dass der Umgang mit Syntax und Grammatik Ihrem Gehirn auch ohne Kenntnis der Wortbedeutungen ganz gut gelingt. Dabei haben Sie bestimmte Hirnregionen aktiviert, denen man in der Forschung auf die Spur kommen möchte, zum Beispiel am Max-Planck-Institut für Kognitions- und Neurowissenschaften in Leipzig.

Mit dem Hirnscanner untersuchten die Forscher die Hirnaktivität von Versuchspersonen beim Hören richtiger Sätze wie „Die hungrige Katze jagt die flinke Maus" im Vergleich mit Sätzen, die zwar grammatisch richtig waren, aber keine Bedeutung hatten, wie „Das mumpfige Fölöfel höngert das apoldige Trekon". Mit der trickreichen Verwendung solcher „Pseudosätze" wollte man semantische Verarbeitungsprozesse ausschließen. Die Versuchspersonen mussten per Knopfdruck entscheiden, ob ein Satz in der Aktiv- oder in der Passivform gegeben war. Wie Sie oben bemerkt haben sollten, gelingt das auch anhand der Satzstruktur allein.

Bei diesen Versuchen fand man heraus, dass eine nahe dem Broca-Areal tiefer im Hirn gelegene Struktur, das „frontale Operculum", auffällig aktiv war, wenn die Pseudosätze verarbeitet wurden. Weiter verglich man syntaktisch korrekte Sätze, wie „Der Sieger wird vom Publikum gefeiert", mit falsch gebauten Sätzen wie „Der Spion wurde im gefangen" oder „Die Kiste wird von dem Mannes geschleppt". Und hier stellte sich unter anderem heraus, dass nicht nur das Broca-Areal im linken Vorderhirn, sondern auch ein Teil des linken Schläfenlappens bei der Verarbeitung der inkorrekten Sätze aktiv wurde. Man vermutet daher, dass außer dem Broca-Areal noch weitere Hirnstrukturen an der Syntaxverarbeitung beteiligt sind.

Auch mit dem Elektroenzephalographen hat man die Hirnreaktion auf Sätze untersucht, die gegen die Regeln des Satzbaus verstoßen, und sie mit der Reaktion auf richtig gebaute Sätze verglichen. Daraus kann man Rückschlüsse ziehen, *wann* das Hirn sich anstrengt, wenn es sich mit einem falsch gebauten Satz abmühen muss. Zum Beispiel merkt unser Gehirn sofort, dass der folgende Satz ungrammatisch ist: „Der Freund wurde im besucht". Schon etwa 180 Millisekunden, nachdem eine Versuchsperson das Wort „besucht" gehört hat, äußert sich das in einem negativen Ausschlag im Hirnsignal. Offenbar rebelliert unser Gehirn bei einer falschen Wortart, denn zur Präposition „im" passt wohl ein Nomen wie „Krankenhaus", nicht aber eine Verbform wie „besucht".

Passt dagegen ein Wort von der Bedeutung her nicht in einen Satzkontext, tritt der im vorigen Kapitel erwähnte N400-Effekt auf, ein ausgeprägter negativer Ausschlag im Hirnsignal nach etwa 400 Millisekunden. Erinnern Sie sich: Der Effekt zeigt sich zum Beispiel bei dem Satz „Er bestrich den warmen Toast mit Socken", nicht aber bei dem Satz „Er bestrich den warmen Toast mit Honig". Anscheinend liegen semantisch verwandte Wörter wie „Toast" und „Honig" (beides kann man essen) in unserem mentalen Lexikon nah beieinander, „Toast" und „Socken" aber nicht. Man meint daher, dass die N400 den Suchprozess nach einer Wortbedeutung im mentalen Lexikon widerspiegelt, das ja mehrere Zehntausend Wörter umfasst.

Sieht man sich solche Forschungsbefunde an (in die hier nur ein ganz kleiner Einblick gegeben werden konnte), dann ergibt sich etwa der folgende Ablauf: Zuerst wird das gehörte Signal akustisch verarbeitet und in Wörter zerlegt. Sofort versucht unser Gehirn, daraus eine Syntaxstruktur herzuleiten. Schon kurz darauf erfolgt der Zugriff auf das mentale Lexikon und die dort unmittelbar gefundenen Wortbedeutungen. Geht dabei etwas schief, kommt es zu Stockungen und Suchprozessen, die sich in den oben beschriebenen Effekten äußern. Auch die Satzmelodie wird von unserem Hirn inspiziert; sie vermittelt zum Beispiel, ob etwas mitgeteilt oder gefragt wird. Wenn alles glatt läuft, kann unser Gehirn all diese Informationen weiterverarbeiten, um die mit dem gehörten Signal übermittelte Botschaft zu interpretieren.

Beim maschinellen Sprachverstehen versucht man, solche Schritte des Verstehensprozesses technisch nachzuahmen. Wie das in etwa abläuft, soll nun an einem einfachen Beispiel mit Max geschildert werden.

Wie versteht Max Sprache?

Als Empfänger einer sprachlichen Nachricht muss Max nach dem oben Gesagten zunächst die Wörter kennen und dazu über weitere Mittel verfügen, die Wortfolge als Satz zu analysieren und daraus dann die Bedeutung herzuleiten. Wie meistert Max eine solche Aufgabe? Stellen Sie sich vor, Max „hört" den folgenden, am Anfang des Kapitels erwähnten Satz über ein Mikrofon, das die Rolle seiner Ohren übernimmt: „Jetzt stecke die gelbe Schraube in die lange Leiste." Zugleich „sieht" er in der virtuellen Realität die am Kapitelanfang gezeigte Szene mit den verschiedenen Bauteilen.

Max verarbeitet das akustische Signal zunächst mit einem Spracherkenner. Das ist ein Computerprogramm, das mithilfe eines Wortlexikons aus dem Signal-Klangmuster einzelne Wörter herausfiltert. Damit der Spracherkenner die Wörter am Klangmuster erkennen kann, sind sie ihm vorher antrainiert worden. Der Spracherkenner verfügt auch über Grammatikregeln, mit denen er die Syntax prüft und unsyntaktische Alternativen ausscheidet. Zum Beispiel könnten die letzten zwei Wörter auch als „lang geleistet" gehört worden sein, was im Kontext mit „in die" keinen korrekten Satz ergäbe. Wenn der Prozess bis hierhin erfolgreich war, hat Max aus dem Gehörten das Gesagte, also den Satz „Jetzt stecke die gelbe Schraube in die lange Leiste" in Computertext rekonstruiert, was den ersten Schritt des Sprachverstehens – die Spracherkennung – abschließt.

Wie kann Max aber den Sinn des Gesagten verstehen? Dazu braucht er Wissen über die Wortbedeutungen, auf die er in einem semantischen Lexikon zugreifen kann. Aus der in Kapitel 9 vorgestellten Swadesh-Liste sind nur ein paar Wörter dabei: ich, du, wir, dies, das, was, nicht, alle, eines, zweite, groß, lang, klein, geben, rot, grün, gelb, weiß, rund. Dafür kennt Max Hunderte weiterer Wörter, die mit seiner Welt des Modellbaus zu tun haben. Um nur einige davon zu nennen: Achse, am, der, die, drehen, Dreilochleiste, hinten, im, in, kurz, Leiste, links, Loch, Mitte, oben, Propeller, quer, rechts, Reifen, Scheibe, Schraube, stecken, Teil, unten, unteres, verbinden, vierte, von, vor, vorderes, vorn, welches, Würfel, zweites.

Zu jedem Wort sind im semantischen Lexikon von Max Bedeutungsinformationen gespeichert, etwa dass „stecken" eine Art des Verbindens und die Imperativform „stecke" einen Befehl bezeichnet. Bei der Analyse des Satzes schreibt Max diese Informationen den einzelnen Wörtern zu und konstruiert daraus die Satzbedeutung. Das sieht für unser Beispiel etwa folgendermaßen aus:

jetzt	FUELL	
stecke	BEFEHL	VERBINDEN
die	ARTIKEL	
gelbe	FARBE	GELB
Schraube	OBJEKTTYP	SCHRAUBE
in	PRAEP	IN
die	ARTIKEL	
lange	GROESSE	GROSS
Leiste	OBJEKTTYP	LEISTE

In diesem Beispiel wird „jetzt" als Füllwort gewertet, „stecke" als Befehl, eine Verbindung herzustellen, das Wort „die" als bestimmter Artikel, das Wort „gelbe" als eine Farbe, die als GELB angegeben wird, das Wort „Schraube" als ein Objekt des Typs SCHRAUBE, das „in" als Präposition IN, das „lange" als Größenangabe, die als GROSS benannt wird, und das Wort „Leiste" als ein Objekt des Typs LEISTE.

Um den Satz in vollem Umfang zu verstehen, muss Max den Bezug zur wahrgenommenen Szene herstellen. Betrachten Sie nochmals das Bild am Anfang des Kapitels. Zu den Satzteilen „die gelbe Schraube" und „die lange Leiste" muss Max nun passende Objekte suchen:

„Suche ein x vom Objekttyp SCHRAUBE mit Farbe GELB.

Suche ein y vom Objekttyp LEISTE mit der Größe GROSS."

Dazu vergleicht Max zum Beispiel die Größe der Leisten und sucht die größere heraus. Wenn eindeutige Bezugsobjekte für x und y gefunden werden konnten, ist der Auftrag an Max, diese zu verbinden, in vollem Umfang verstanden und kann ausgeführt werden. Das Verstehen eines solchen Satzes dauert kaum mehr als eine halbe Sekunde – zwei Wimpernschläge lang! Nun haben Sie eine Vorstellung davon, wie Max Sprache versteht.

12
Zeichen und Gebärden

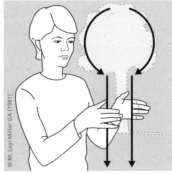

Indianer und Cowboys haben bis in den Abend gekämpft und sich dann in die Lager zurückgezogen. Nun werden Unterhändler ausgeschickt, die versuchen, sich mit Zeichensprache zu verständigen. Der Indianer fängt an: Er streckt den Zeigefinger vor, auf den Cowboy gerichtet. Der erwidert, die Hand erhoben, Zeige- und Mittelfinger gespreizt. Darauf lässt der Indianer seine Faust hämmernd durch die Luft fahren. Der Cowboy erwidert, indem er die Hand waagrecht vor sich her zieht. – Beide kehren in ihre Lager zurück. „Was hat er gesagt?", fragen die anderen Cowboys. Der Unterhändler: „Er sagte: Wir legen euren Häuptling um (wiederholt den ausgestreckten Zeigefinger). Darauf ich: Dann legen wir zwei von euch um (hebt die Hand mit den zwei gespreizten Fingern).

Darauf er: Dann schlagen wir euch die Köpfe ein (hämmert in die Luft), und ich: Dann radieren wir euch aus (waagrechte Handbewegung)." – Bei den Indianern wiederholt es sich ähnlich, die Interpretation ist allerdings etwas anders: „Ich fragte ihn: Wie heißt du? (streckt den Zeigefinger vor). Darauf er: Ich heiße Ziege (spreizt die Finger). Ich frage: Bergziege? (hämmernde Bewegung), und er: Nee (zieht die Hand durch die Luft), Flussziege."

Diese – nett erfundene – Kommunikationsgeschichte verdeutlicht in aller Kürze nicht nur eine „gelungene" Fehlkommunikation, sondern auch gleich das wichtigste Merkmal von Zeichensprachen: Die Zeichen müssen beiden Seiten in gleicher Weise bekannt und in der Bedeutung vereinbart – konventionalisiert – sein, sonst funktioniert die Kommunikation nicht. Das gilt für diesen Sonderfall der visuellen Kommunikation genauso wie für die Kommunikation durch Wort und Schrift.

Beispiele solcher vereinbarten Zeichensysteme gibt es auch im nonverbalen Bereich in zahlreicher Form. Dazu gehören unter anderem die Rauchzeichen der Indianer, die verwendet wurden, um Kommunikation außerhalb der Rufweite über große Entfernung hinweg zu ermöglichen. Ähnlich kann auf See mit international vereinbarten Flaggenalphabeten auf Distanz kommuniziert werden. Kranführer verständigen sich aus der Höhe durch spezielle Handzeichen mit den Bauarbeitern am Boden. Auf dem Flugplatz winkt das Bodenpersonal mit gut sichtbaren Kellenzeichen die Piloten in Parkposition. Die Tauchersprache macht unter Wasser durch Hand- und Fingerzeichen eine Verständigung möglich, und ihr bekanntes Zeichen für „Okay!" – der aus Daumen und Zeigefinger gebildete Kreis

– wird heute von vielen auch über Wasser benutzt. Zu den akustischen vereinbarten Zeichensystemen zählen das Morsealphabet und die Warntöne der Sirenen.

Zu den faszinierendsten Zeichensystemen gehören aber die Gebärdensprachen der Gehörlosen. Das erste Bild am Kapitelanfang zeigt das Zeichen für den Buchstaben „k" in der deutschen Gebärdensprache: eine Hand mit gespreiztem Zeige- und Mittelfinger, der Daumen gegen den Mittelfinger gelehnt, die anderen Finger zum Handballen eingerollt. Läge der Daumen auf den eingerollten Fingern, wäre es das Zeichen für „v", woraus ersichtlich ist, dass dem Kommunikationspartner die Innenhand zugewandt wird. Ansonsten wären die beiden Zeichen nicht unterscheidbar.

Es ist aber nicht etwa so, dass Gehörlose einander Buchstabenfolgen signalisieren, wenn sie sich unterhalten, das tun sie nur, um etwas zu buchstabieren. Vielmehr handelt es sich bei Gebärdensprachen um entwickelte Kommunikationssysteme, die den Lautsprachen ebenbürtig sind, mit Grammatik, Syntax und Semantik, in denen man alles mitteilen kann, ob konkret oder abstrakt, nüchtern oder poetisch, ob philosophische Analyse oder Liebeserklärung. Sie sind somit alles andere als nur ein Behelf der Nichthörenden. Die Gebärdensprachen sind allerdings längst nicht so alt wie die gesprochenen Sprachen, und sie haben eine schwierige Geschichte.

Entwicklung der Gebärdensprachen

Bis ins 18. Jahrhundert noch galten Taubgeborene als nicht bildungsfähig. Man hielt sie nicht nur für stumm, sondern auch für dumm. Wer nicht sprechen kann, kann nicht denken – so war die gesellschaftliche Meinung. Man behandelte Gehörlose kaum anders als Schwachsinnige, und vor dem Gesetz galten sie nicht als juristische Personen. Man erlaubte ihnen nicht einmal zu heiraten.

Im 18. Jahrhundert entdeckte ein heute für seine Pionierleistung gerühmter französischer Geistlicher, der Abbé de l'Epée, unter den obdachlosen Gehörlosen in Paris eine einfache, selbstentwickelte Gebärdensprache. Er untersuchte sie näher und gewann bald den Eindruck, dass Gesten und Gebärden das Denken der Menschen ähnlich ausdrücken können wie eine gesprochene Sprache. Um gehörlosen Kindern die französische Schriftsprache beizubringen, erfand der Abbé ein Zeichensystem. Das war eine Mischung aus natürlichen Zeichen, wie sie von den Kindern benutzt wurden, und speziellen Zeichen, die er einführte, um Artikel und Zeiten der französischen Grammatik nachzuahmen.

Was den Abbé antrieb, war nicht allein der ihm schwer erträgliche Gedanke, dass Gehörlose ohne das Wort Gottes zu hören leben und sterben sollten. Ihn faszinierte auch die Vorstellung, in den Gebärden der Gehörlosen eine universale Sprache gefunden zu haben, die weltumspannend funktionieren könnte, ohne nationale Grenzen. Dies erwies sich leider als Irrtum – ein Irrtum, dem Uneingeweihte auch jetzt noch vielfach unterliegen. Genau wie bei den gesprochenen Sprachen gibt es heute eine große Zahl eigenständiger Gebärdensprachen, eine amerikanische, eine britische, eine französische, eine deutsche, dänische, chinesische, japanische, jugoslawische und viele viele weitere.

Die Gebärden, aus denen sich die Vokabulare der Gehörlosen zusammensetzen, sind zum Teil vermutlich aus Pantomimen hervorgegangen, wie sie auch hörende Menschen spontan zur Verständigung benutzen, wenn sie nicht die gleiche Sprache sprechen. Mit fortgesetztem Gebrauch wurden solche Gebärden nach und nach standardisiert und konventionalisiert. Viele davon behielten eine bildhafte Qualität, was aber längst nicht bedeutet, dass die Zeichen verschiedener Gebärdensprachen gleich oder auch nur ähnlich sind.

Nehmen wir zum Beispiel das Zeichen für „Baum". Am Kapitelanfang ist es im zweiten Bild für die Dänische Gebärdensprache dargestellt: Mit beiden Händen symmetrisch wird zunächst kreisförmig der Umriss der Baumkrone umschrieben und dann der Baumstamm, indem man die flachen Hände parallel abwärts bewegt. Auch in der Deutschen und in der Amerikanischen Gebärdensprache wird der Baum bildhaft angedeutet, jedoch stellt man hier den rechten Arm mit abgewinkeltem Ellbogen auf den flachen linken Handrücken und bewegt die gespreizte rechte Hand wie eine Baumkrone im Wind hin und her (bei Linkshändern ist es gerade umgekehrt). In der Chinesischen Gebärdensprache lässt man den Stamm des Baumes symmetrisch mit gespreizten Daumen und Zeigefingern beider Hände von unten in die Höhe wachsen.

Zeigt man jemandem, der keine Gebärdensprache kennt, eines dieser Zeichen und nennt seine Bedeutung, erscheint diesem die Beziehung zwischen Zeichen und Bedeutung gewöhnlich einleuchtend. Zeigt man ihm aber das Zeichen allein, kann er die Bedeutung in der Regel nicht erraten, auch wenn sie bildlich abgeleitet ist. Wie bei Verkehrszeichen muss man schon wissen, wofür das Zeichen steht.

Bis sich die Gebärdensprachen etablieren konnten, mussten viele Hürden genommen werden. Zwar erkannte im 18. Jahrhundert die französische Nationalversammlung den Gehörlosen Menschenrechte zu, und es entstand ein wachsende Zahl von Gehörlosenschulen, doch im Jahr 1880 wurde die Französische Gebärdensprache für die Ausbildung gehörloser Kinder geächtet: Um sie besser in die Gesellschaft zu integrieren, sollten sie von Anfang an Sprechen und Lippenlesen lernen. Erst 1991 wurde dieser Bann wieder aufgehoben.

Lange noch wurde Gebärdensprache nicht offiziell als Sprache betrachtet, sondern als eine Art Behandlungsmethode, was sich auch darin zeigt, dass in Frankreich viele Gehörlosenschulen nicht dem Erziehungs-, sondern dem Gesundheitsministerium unterstellt waren. Erst Ende der 1990er-Jahre sprach sich eine französische Ethikkommission für das Lehren von Gebärdensprache aus, aber nur bei Kindern, die ein sogenanntes Cochlea-Implantat erhielten, eine tief ins Innenohr (Cochlea) eingepflanzte, direkt auf den Hörnerv wirkende Sinnesprothese mit außen getragenem Mikrofon und Sprachprozessor.

Auch in Deutschland und vielen anderen Ländern will man mit diesem Mittel moderner Technik Gehörlosen zu einem rudimentären Gehör verhelfen und sie damit zu „normaleren" Menschen machen. Das ist eine heikle Sache, sehen sich Gehörlose doch selbst nicht als „unnormal" an. So hofften manche gehörlose Paare nach glaubwürdigen Berichten voller Bangen darauf, dass ihr neugeborenes Kind „normal", also gehörlos und damit Teil ihrer Gemeinschaft sein würde. Für Hörende kaum vorstellbar, empfinden sich viele von Geburt an gehörlose oder in früher Kindheit ertaubte Menschen nicht als behindert. Sie leben mit ihrer Gehörlosigkeit in Einklang und lieben ihre Gebärdensprache als Muttersprache. Lange nachdem Schweden, Österreich und die Schweiz ihre Gebärdensprachen als Minderheitensprachen anerkannten, haben die Gehörlosen in Deutschland im Rahmen des 2002 in Kraft getretenen Gesetzes zur Gleichstellung behinderter Menschen (kurz „Behindertengleichstellungsgesetz", BGG) endlich behördliche Anerkennung und Rechte für ihre Gebärdensprache erhalten.

Zeichen und Gedanke

Schon im 16. Jahrhundert berichtete der Arzt und Philosoph Jérôme Cardan über die Möglichkeit, Gehörlosen das Lesen und Schreiben beizubringen: Wie gesprochene Wörter dazu benutzt würden, verschiedene Dinge zu bezeichnen, könnten auch geschriebene Zeichen Bedeutungsinhalte symbolisieren und mit Gedanken verknüpft werden, ohne dass es der Vermittlung des gesprochenen Worts bedürfe.

In der Sprachwissenschaft befasst sich die Semiotik (von griechisch *semeion*, Kennzeichen) mit der Struktur und den Nachrichtenfunktionen von Zeichensystemen, wie sie in Lautsprache und Schrift, aber eben auch in den Gebärden der Gehörlosen zum Ausdruck kommen. Das Zeichen ist nicht der Bedeutungsinhalt selbst, sondern es steht für eine Bedeutung (das Bezeichnete) und kann in der Kommunikation zur Übermittlung von Gedanken benutzt werden. Nicht anders als bei der Nachricht „fangfrische Krabben" in Laut oder Schrift gilt für das mit Gebärden übermittelte Zeichen für Baum: Der Bezug zwischen Zeichen und Bezeichnetem muss gedanklich hergestellt werden. Dieser indirekte Zusammenhang, der auf dem Umweg über den verbindenden Gedanken Zeichen und Bezeichnetes in Bezug setzt, wird als „semiotisches Dreieck" betrachtet:

Wenn die Verbindung zwischen Zeichen und Bezeichnetem allein durch gedanklichen Bezug zustande kommt, man somit per Konvention wissen muss, was das Zeichen besagt, nennt man solch ein Zeichen auch ein „Symbol". Das Symbol steht für einen Bedeutungsinhalt, es hat keine unmittelbar anschauliche Gemeinsamkeit mit dem bezeichneten Gegenstand (so wie das Wort „Hut" nicht wie ein Hut aussieht). Jedoch kann das Wort anstelle des bezeichneten Gegenstands im Denken gehandhabt werden.

In Kapitel 9 „Wörter und Sätze" wurde bereits erläutert, in welcher Weise Wortsymbole in syntaktischen Sätzen nicht nur für das Sprechen, sondern auch für das Denken bis hin zum Reflektieren von Bedeutung sind. So nahm schon der Geistliche und Philosoph Abbé Sicard – ein Zeitgenosse des erwähnten Abbé de l'Epée – an, dass gänzlich ohne Sprache aufwachsende Gehörlose über keine Symbole verfügten, die das Festhalten und Kombinieren von Gedanken erlaubten; hierin sah er den Grund für ihre begrenzten intellektuellen Fähigkeiten.

Um Intelligenz zu entwickeln, bedarf es daher auch der „Denkzeichen", der Symbole; das wollte heute kaum jemand bestreiten. Die Symbole müssen nicht zwingend in der Lautsprache verankert sein, und es muss nach dem nun Gesagten nicht betont werden, dass die Gehörlosen – sofern ihnen eine entsprechende Bildung zuteil wurde – ihren hörenden Mitmenschen in Wissen und Intelligenz in nichts nachstehen. Die Kinder von gehörlosen Eltern, die die Gebärdensprache benutzen, machen im Alter von sechs Monaten die ersten Gebärden und verfügen mit 15 Monaten bereits über ein beachtliches Gebärdenvokabular. Die Grammatik der Gebärdensprache erschließt sich ihnen in vergleichbarem Alter und Ablauf wie hörenden Kindern die Grammatik der Lautsprache.

Die linguistische Forschung hat mittlerweile gezeigt, dass Gebärdensprachen ebenso natürliche Sprachen sind wie die Lautsprachen. Sie weisen grammatische Strukturen auf, die denen der Lautsprachen ähneln, aber nicht völlig gleichen. Anders als in der deutschen Lautsprache wird beispielsweise in der Deutschen Gebärdensprache das Verb am Ende von Sätzen signalisiert. Man fragt also nicht „Wie viel kostet das?", sondern „Das wie viel kosten?". Bei hörbehinderten Kindern, die bei verbliebener Resthörfähigkeit ansatzweise zweisprachig (mit Gebärden- und Lautsprache) aufwachsen, bringen diese Unterschiede anfangs hier und da grammatische Unsicherheiten im Ausdruck mit sich, wie es ähnlich auch bei mit zwei Lautsprachen (bilingual) aufwachsenden hörenden Kindern der Fall ist. Jedoch erleben sie ihre Zweisprachigkeit bald als Gewinn, da sich die Sprachen ergänzen und sogar gegenseitig beflügeln.

Wie funktioniert Gebärdensprache?

Gebärdensprachen sind visuelle, genauer: visuell-motorische Sprachen, denn das, was der Empfänger einer Nachricht mit den Augen – visuell – wahrnimmt, wird vom Sender durch sichtbare Körperbewegungen – motorisch – geäußert. Das beginnt bereits bei der Kontaktaufnahme zwischen Gehörlosen: Um einen Kommunikationspartner „anzusprechen", bringt man sich in dessen Gesichtsfeld und blickt ihn mit vorgestrecktem Kopf sehr deutlich an, um die Aufmerksamkeit für die visuelle Nachricht zu erlangen, dann kann es losgehen.

Die Nachricht selbst wird durch bestimmte Handbewegungen übermittelt, aber auch mit dem Blick, mit Gesichtsausdrücken, mit Mund- und Körperbewegungen. Besonders wichtig ist die Mimik; sie dient – außer der Unterstreichung wie in gesprochener Sprache – als „Satzmimik" zur Unterscheidung von Haupt- und Nebensätzen, Aussage- und Fragesätzen. Beim Fragesatz werden beispielsweise die Augenbrauen hochgezogen und die Kopfhaltung wird leicht verändert.

Die Handbewegungen werden in einem festgelegten Raum vor dem sich Äußernden – dem sogenannten Gebärdenraum – artikuliert. Darin werden die „Wörter" der Nachricht untergebracht und mithilfe syntaktischer Regeln zu einem Satz geformt. Es ist die Reihenfolge der geäußerten Zeichen und, wichtiger noch, ihre Anordnung im Gebärdenraum, die eine Interpretation des Satzes ermöglicht. Für die meisten Dinge gibt es Standardzeichen, die in Gebärdensprachen-Lexika aufgeführt sind. Sie unterscheiden sich (wie oben am Beispiel „Baum" erläutert) in den verschiedenen Gebärdensprachen. Dies gilt ebenso für die Regeln ihres Satzbaus.

Am Beispielsatz „Die Katze ist im Auto" möchte ich Ihnen erklären, wie sich ein Satz mit einer Folge von Gebärden ausdrücken lässt. Beschrieben wird dies am Beispiel der Französischen Gebärdensprache, weil deren Syntax besonders gut nachvollziehbar ist. (1) Mit erhobenen Händen wird zuerst das Standardzeichen für „Auto" signalisiert (die Hände werden kurz gegenläufig auf und ab bewegt wie beim Lenken). (2) Während die herabgenommene linke Hand noch für das „Auto" steht, wird mit der erhobenen rechten Hand, die wie ein großes C geformt ist, das Auto in den Gebärdenraum positioniert. Die C-Form repräsentiert das Auto als Container, um mitzuteilen, dass sein Inneres von Belang ist. (3) Nun wird mit der wieder erhobenen linken Hand das Standardzeichen für „Katze" signalisiert (ein Katzenschnurrbart wird angedeutet), während die rechte Hand die Positionierung des Autos im Gebärdenraum aufrecht erhält. (4) Die linke Hand (für „Katze") wird in die C-Form, den „Auto"-Container, bewegt – die Katze ist im Auto.

Im Alltagsgebrauch von Gebärdensprachen werden aber nicht immer nur Standardzeichen benutzt. Zuweilen werden Zeichen ad hoc gebildet und sind dann im Kontext verständlich. Zum Beispiel haben französische Gebärdensprachenforscher an dem Satz „Die Katze klettert auf den Baum" beobachtet, dass Gebärdende sich in die Rolle der Katze versetzen und pantomimisch den Akt des Kletterns ausdrücken; dabei deuten sie mit beiden Händen die Katzenkrallen an. Hier mischen sich gebärdensprachliche Symbole mit bildhaften Zeichen. Diese fallen bei verschiedenen

Gebärdenden auch recht verschieden aus, wie die Forscher in vielen Videobeispielen festgehalten haben – Freiheit im Ausdruck sozusagen.

Wie notiert man Gebärden und Gesten?

Wenn Sie bis hierher gelesen haben, haben Sie sich vielleicht schon gefragt, ob Gebärden auch schriftlich notiert werden können, denn wie sollte man sonst Gebärdensprachen-Lexika erstellen? Selbstverständlich ist es den Gehörlosen möglich, auch ohne hören oder sprechen zu können, die Zeichen der Schriftsprache mit gebärdensprachlichen Zeichen in Beziehung zu setzen. Viele Gehörlose haben lesen und schreiben gelernt (und so kann ich mit Gehörlosen zum Beispiel auch per E-Mail kommunizieren). Sollen jedoch die Gebärden selbst in einem Lexikon aufgeführt werden, wird dafür eine spezielle Notation benötigt. Die ersten Schritte dazu sind dem Linguisten William Stokoe zu verdanken, der Mitte der 1950er-Jahre an der amerikanischen Gallaudet-Universität, einer Universität für Gehörlose, seine Arbeit aufnahm.

Stokoes Arbeit war eine wichtige Grundlage für den Nachweis, dass Gebärdensprachen die linguistischen Merkmale einer echten Sprache, mit Wortschatz und Syntax, erfüllen. Er zeigte auf, dass jede Gebärde der Amerikanischen Gebärdensprache im Wesentlichen aus drei unabhängigen Teilen besteht, nämlich Handstellung, räumlicher Anordnung und Bewegung. Vergleichbar den Phonemen für die Lautsprache lassen sich hieraus die einzelnen Gebärden als „Wörter" zusammensetzen. In seinem 1960 erschienenen

Buch *Sign Language Structure* beschrieb Stokoe 19 verschiedene Handstellungen, zwölf Anordnungen im Raum und 24 Bewegungsarten und erfand eine schriftliche Notation dafür. Hierauf aufbauend veröffentlichte er fünf Jahre später zusammen mit zwei gehörlosen Kollegen ein Wörterbuch der Amerikanischen Gebärdensprache.

Die Stokoe-Notation wird bis heute verwendet, hat jedoch auch leistungsfähigere Nachfolger gefunden. In Europa ist das so genannte Hamburger Notations-System, „HamNoSys", sehr verbreitet. Es wurde am Institut für Deutsche Gebärdensprache der Universität Hamburg entwickelt. HamNoSys ist aber nicht auf eine bestimmte Gebärdensprache spezialisiert und wird zum Beispiel auch für die Britische und die Niederländische Gebärdensprache eingesetzt. Ähnlich wie ein phonetisches Alphabet für gesprochene Sprache stellt HamNoSys ein Alphabet aus mehr als 150 Zeichen zur Verfügung, das die körperlichen Aktionen beschreibt, mit denen eine Gebärde produziert wird.

Man kann in HamNoSys aber auch beliebige Gesten notieren. Jede Gebärde oder Geste wird in Komponenten zerlegt, wie Position und Orientierung der Hand oder Hände relativ zum Körper, Handform, Bewegung etc. Die Komponenten werden in ihrer äußerlich sichtbaren Form beschrieben, nicht etwa durch irgendwelche Bedeutungen. Am Beispiel der wohlbekannten Geste des „Vogelzeigens" würde also etwas notiert wie „Zeigefinger gegen die Schläfe gerichtet und vor und zurück bewegt" (was je nach Kontext verschiedene Bedeutungen haben könnte, wie „Bei dir piept's wohl!" oder „Hier tut's mir weh, Herr Doktor!").

Wie die HamNoSys-Notation aussieht, soll nun nicht für ein gebärdensprachliches Zeichen, sondern für eine einfache Zeigegeste der rechten Hand angedeutet werden:

Das erste Zeichen beschreibt die Hand mit ausgestrecktem Zeigefinger (so wie man sie sieht, wenn man auf die Handfläche schaut). Das zweite Zeichen besagt, dass die Hand nach vorn weist. Das dritte Zeichen bedeutet, dass die Handfläche (dick gezeichnet) nach links weist. Das vierte Zeichen symbolisiert den Oberkörper mit dick gezeichneter Schulterpartie und bedeutet zusammen mit dem fünften Zeichen, dass der Arm in Schulterhöhe ganz ausgestreckt wird. So zeigt man zum Beispiel in eine Richtung vor sich.

Mit HamNoSys konnte auch dem Maschinenwesen Max das Gestikulieren beigebracht werden – nicht nur das Zeigen, sondern im Grunde alle Gesten, die man mit Händen und Armen machen kann. Er kann HamNoSys-Zeichen wie Noten vom Blatt spielen. Dies genauer zu erklären, würde hier aber zu weit führen.

13
Der Körper spricht mit

Jazz-Café „Alto" in Amsterdam. Eine sehr attraktive blonde Frau zwischen zwei Männern, der ältere der beiden eine Art Platzhirsch, der ihre Aufmerksamkeit leicht und routiniert immer wieder auf sich lenkt. Der jüngere und eigentlich sympathischere hält sich eher zurück und scheint die vorsichtigen Blicke, die sie ihm auch im Gespräch mit dem ersten immer wieder zuwendet, nicht zu bemerken (oder will es nicht). Jedoch ist ihr Körper die meiste Zeit auf ihn ausgerichtet, sie streicht sich durchs Haar und neigt sich zu ihm herüber – ist ihm, im wahrsten Sinne des Wortes, zugeneigt.

Wie diese Begebenheit für den jungen Mann noch positiv ausgegangen ist, soll hier keine Rolle spielen. Sie dient nur als Beispiel für die Beobachtung, dass allein durch die „Körpersprache" der Beteiligten Botschaften übermittelt wurden – auf Distanz und unbehelligt von der jazzig-lauten Umgebung. Die Verursacher der Signale waren sich dessen sicher kaum bewusst. Der Körper „spricht", ob wir stehen oder sitzen, ob wir reden oder einfach nur zuhören.

Unsere spontanen Körperbewegungen können wir kaum unterdrücken, wenn wir uns unterhalten, und auch die Körperhaltung übermittelt oft unbemerkt Botschaften. Wir neigen beim Zuhören den Körper nach vorn und signalisieren Aufmerksamkeit. Wir legen die Hand vor Kinn und Mund und bringen Erstaunen oder Bestürzung zum Ausdruck. Wir blicken auf etwas und lenken damit die Aufmerksamkeit unseres Gegenübers darauf. Wir nicken leicht und bestätigen, dass wir zuhören. Zuweilen werfen wir triumphierend die Hände in die Höhe. Selbst wenn wir den Kopf traurig hängen lassen oder mit den Schultern zucken, weil wir eigentlich nichts sagen können oder wollen, senden wir damit anderen Signale zu, ob absichtlich oder unabsichtlich.

Der Körper lügt selten, jedenfalls solange die Bewegungen unbewusst erfolgen. Anders als die Wortsprache kennt die unwillkürliche Körpersprache weder Ironie noch Konjunktiv. Sie übermittelt noch am ehesten Signale, die uns ein ehrliches Bild von der Disposition und der Persönlichkeit unseres Gegenübers geben. Dies hat etwa der Wiener Verhaltensforscher Karl Grammer in vielen Untersuchungen festgestellt. So ist eine sehr beliebte Geste bei Mädchen und Frauen, ihre Haare mit Schwung nach hinten zu streifen – der Hairflip. Männer machen diese Bewegung viel seltener. Sie geschieht meist unwillkürlich und ist gerade deshalb so verräterisch: Lächelt die Frau beim Hairflip, so Grammer, signalisiert sie damit Interesse am Gesprächspartner. Bleibt sie dagegen ernst, stehen dessen Chancen wahrscheinlich nicht so gut.

Wenn man vom „Körper" eines Lebewesens spricht, bezieht man sich zunächst auf die physische Substanz und Struktur. Meist wird sie als ein aus Gliedern bestehendes Ganzes gesehen, umschlossen von einer Hülle, die den Körper von seiner Umgebung abgrenzt. Unserer Empfindung nach ist der Körper aber nicht genau da zu Ende, wo unsere Haut ihn einhüllt. Wir haben ein ausgeprägtes Gefühl für die Distanz unseres Körpers zu einem anderen, und das spielt im sozialen Miteinander eine entscheidende Rolle.

Auf den Abstand kommt es an

Eine alltägliche Situation: Der Fahrstuhl hält, eine weitere Person steigt zu, es wird richtig eng, man steht, ohne sich zu berühren, die eben noch geführte Unterhaltung verstummt – kennen Sie das? Wir brauchen einen gewissen Abstand, selbst wenn vertraute Personen zugegen sind, um uns unbefangen zu unterhalten. Dieses Phänomen wird in der Kommunikationsforschung unter dem Stichwort „Proxemik" betrachtet.

Die Proxemik (abgeleitet von lateinisch *proximare*, sich nähern) wurde in den 1960er-Jahren durch den amerikanischen Anthropologen Edward T. Hall begründet. Er untersuchte das Raumverhalten in der Kommunikation und konnte nachweisen, dass Menschen verschiedene Distanzzonen wie Schalen um sich herum empfinden, die für

unterschiedlich intime Formen der Kommunikation eine
Rolle spielen. Für die amerikanische Gesellschaft unterschied Hall vier Distanzzonen: eine öffentliche, eine sozial-
beratende, eine persönliche und eine intime Zone. Ähnlich
gelten sie auch für den nordeuropäischen Kulturkreis.

Wenn man etwa ein Publikum öffentlich anspricht,
nimmt man einen Abstand von mehreren Metern ein. In
einem Beratungsgespräch, etwa beim Arzt, ist ein höflicher
Abstand von circa anderthalb Metern angemessen. Im persönlichen Raum – zwischen einem halben und anderthalb
Meter – ist die Beziehung der Kommunikationspartner
enger, man kann sich sogar berühren. In die intime Dis-
tanzzone – weniger als 50 Zentimeter – dringt man nur
bei großer Vertrautheit ein: Hier kann man flüstern, Kör-
perkontakt ist leicht möglich, die Kommunikationspartner
können ihre Körperwärme fühlen und sich riechen.

Weitgehend unbewusst einigen sich die Kommunikationspartner darauf, welchen körperlichen Abstand sie ein-
halten und welche Veränderungen dieses Abstands sie für
angemessen erachten. Dabei hat jede Kultur ihre unge-
schriebenen Distanzgesetze, und durch kulturell unterschiedliche Normen kommt es gelegentlich zu Irritationen.
Das soll selbst beim vertrauten Gespräch zwischen „Ossis"
und „Wessis" beobachtet worden sein: Während der „Ossi"
– um höflich zu sein – beim Gespräch auf 30 Zentimeter
heranrückt, empfindet das der „Wessi" eventuell als unan-
genehm und tritt – ebenfalls aus Höflichkeit – auf die doppelte Distanz zurück (wobei er hoffentlich nicht gerade mit
dem Rücken zur Treppe steht).

Auch bei Tieren gibt es solche Distanzzonen. Bei Annäherung eines anderen Tiers oder eines Menschen zeigen sie

Aufmerksamkeit und Wachsamkeit. Betritt man unwillkommen den intimen Raum einer Katze, entfernt sie sich leise, und wenn es zu schnell geschieht, springt sie zurück oder faucht.

Körper in Bewegung

Ob es sich um ein so kleines Tier wie einen Tausendfüßler handelt, der beim Anstoßen des ersten Beins an ein Hindernis die folgenden Beine wie von selbst darüber hebt, oder um eine Katze, die mit elegantem Sprung auf dem Fenstersims landet, wir bestaunen die Geschmeidigkeit solcher Körperkontrolle. Ohne darüber nachzudenken, sind wir selbst in der Lage, geschickt eine Unzahl von Bewegungen auszuführen, wenn sie erst „in Fleisch und Blut" übergegangen sind; das leistet ein komplexes Steuerungssystem unseres Gehirns.

Der menschliche Körper hat 148 Gelenke, die sich oft in mehreren Richtungen frei bewegen lassen, wie etwa das Kugelgelenk in der Schulter. Auch wenn manche Gelenke nur einen einzigen Bewegungsfreiheitsgrad haben wie der Ellbogen (ein Scharniergelenk), kommen alles in allem geschätzt 244 Freiheitsgrade zusammen. Doch die Beweglichkeit funktioniert für die meisten Gelenke nur innerhalb bestimmter Grenzen, beim Ellbogen zum Beispiel nur bis zur völligen Streckung.

Fast immer bewegen wir zudem mehrere Gelenke gleichzeitig und koordiniert. Wenn wir auf einen Gegenstand zeigen, drehen sich Schultergelenk, Ellbogen und Handgelenk in bestimmte Stellungen; sie sind in einer sogenannten kinematischen Kette gekoppelt. Die Kinematik (griechisch *kinema*, Bewegung) untersucht, wie sich Punkte und Körper im Raum bewegen, bei einer kinematischen Kette etwa, wie die Lage eines Gelenks durch die in der Kette davor liegenden Gelenke beeinflusst wird. Wie Sie leicht selbst ausprobieren können, bewegt eine Rotation der Schulter den gesamten darunterliegenden Arm. Überdies können wir den Arm auf viele verschiedene Weisen auslenken, um auf dieselbe Stelle zu zeigen, von locker geradeaus bis grotesk verdreht. Ob man klettert oder geht oder mit Arm und Hand auf etwas zeigt – viele Muskeln müssen angesteuert werden, um unsere Gelenke in Bewegung zu versetzen.

Ein gelenkiger Körper für Max

Auch das virtuelle Wesen Max hat einen nach dem Menschen geformten Körper, der verschiedene Stellungen und Haltungen einnehmen kann und der sich in der uns vertrauten Weise bewegt, wenn er zum Beispiel auf etwas zeigt. Der sichtbare Körper von Max besteht aus einer mehrteiligen Hülle. Seine Bewegungen folgen einem unsichtbaren Skelett, das aus virtuellen „Knochenstäben" und Gelenken aufgebaut ist. Um eine Vorstellung davon zu geben, ist am Anfang dieses Kapitels das „Darunter" von Max einmal im Bild dargestellt.

Die bewegliche Struktur des Körpers von Max – sein „Skelett" – besteht wie beim Menschen aus mehreren der erwähnten kinematischen Ketten. Etwas vereinfacht (mit 103 Freiheitsgraden) bildet sie die Bewegungsmöglichkeiten eines durchschnittlichen erwachsenen Mannes nach.

Besonders für die Gestik ist Max sehr „gelenkig": Schulter- und Schlüsselbeingelenk, Hände mit fünf Fingern, jeder mit drei Gelenken modelliert, ein Daumen, der zur Handfläche eingeklappt werden kann, erlauben natürliche Beweglichkeit. Wie aber lassen sich dermaßen viele Teile kontrolliert bewegen?

Die Bewegungen des Körpers von Max in der virtuellen Realität erfolgen mittels Computeranimation, das heißt, sie werden durch schnell nacheinander präsentierte „Schnappschüsse" simuliert. Wenn man sieht, wie geschmeidig sich ein biologisches Wesen bewegt, glaubt man leicht, dass die Simulation solcher Bewegungen nicht einfach ist. Im modernen Film werden deshalb oft menschliche Bewegungen aufgezeichnet und auf eine virtuelle Figur übertragen. Diese Technik kommt aber für Max nicht in Frage. Max soll sich nämlich selbstständig bewegen können, nicht nur in geplanten Situationen, das heißt, seine Animationen müssen in Echtzeit berechnet werden. Was also dann?

Stellen Sie sich vor, dass Sie selbst eine einfache Zeigegeste machen, also Arm und Hand in eine bestimmte Stellung bringen, zum Beispiel um auf ein Modellflugzeug zu zeigen, wie es Max auf dem Bild am Kapitelanfang tut. Dabei werden die nötigen Teilbewegungen durch das Zusammenspiel vieler Muskeln gesteuert. Dies leisten zentrale Steuerungsstrukturen in unserem Gehirn – sogenannte Motorprogramme –, die für erlernte Bewegungen eine Abfolge von primitiveren Abläufen koordinieren. Auf unterster Ebene werden dann alle beteiligten Gelenke einzeln eingestellt.

Ebenso kontrolliert ein hierarchisches Steuerungssystem das bewegliche Skelett von Max. Auf der höchsten Ebene wird die geplante Bewegung als Ziel formuliert (zum Bei-

spiel „Auf das Flugzeug zeigen!"). Die Kontrolle der aus-
zuführenden Bewegungen wird schrittweise verfeinert.
Schließlich steuern einzelne Motorprogramme die Gelenke
an, sodass sich die Bewegung in die Zeigestellung ergibt.

Max hat ein Gestenlexikon, aus dem die Bewegungs-
abläufe typischer Gesten abgerufen und situationsgerecht
angepasst werden. Ausgehend davon werden alle Teilbewegungen durch seine Motorprogramme automatisch erzeugt.
Hinter der „Körperintelligenz" von Max verbirgt sich eine
Menge Mathematik, die es ermöglicht, selbst die Fein-
planung der Bewegungen mit seiner synthetischen Sprache („Stecke eine Schraube in diese Leiste") im richtigen
„Timing" abzustimmen. Mit seinem gelenkigen Körper
kann er sein Sprechen mit Gesten untermalen – sein Körper „spricht mit"…

Aber wie steht es mit der fühlbaren Körperlichkeit von
Max? Sein computergraphisch animierter Körper ist nicht
berührbar und in dieser Hinsicht körperlos. Ein Mensch,
der Max gegenübertritt, merkt dennoch direkt, wenn Max
bis auf „Normalabstand" herankommt, und verkürzt er
die Distanz noch weiter, verspürt man selbst den unmit-
telbaren Impuls zum Zurückweichen. Genauso hat Max
proxemische Sensoren, Körperfühler sozusagen, mit denen
er Nähe und Annäherung spüren kann. In dem Moment,
wo sich eine menschliche Hand – mit einem Datenhandschuh bestückt – und Max' computeranimierte Hand in der
virtuellen Welt treffen, funkt und knistert es.

Doch auch anders ist die körperliche Gegenwart von
Max für den Menschen spürbar. Er kann einem Menschen
zuschauen, der auf ein virtuelles Objekt deutet und zu ihm
sagt: „Baue das Teil dort hinten an." Wer mit Max kom-

muniziert, kann das auf ganz natürliche Art tun. Und hier zeigt sich auch, wie praktisch und selbstverständlich Körpersprache ist. Mit ihrer Hilfe vermag ein Sprecher etwa Mehrdeutigkeiten auszuräumen: Wenn ich zu Max „links" sage, dann kann ich zur Verdeutlichung von mir aus gesehen nach links zeigen. Max versteht dann sofort, dass nicht sein „Links", sondern mein „Links" gemeint ist. Er funktioniert also ebenso multimodal wie wir, indem er gleichzeitig gesprochene Sätze und Gesten interpretiert oder produziert. Das vereinfacht die Kommunikation ungemein. Allerdings – bis wir Max zum Date ins Jazz-Café schicken können, wird es noch ein Weilchen dauern.

14
Mit Gesten sprechen

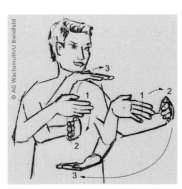 

„Das war in so einer großen Schachtel", beschreibt der Kunde der Apothekerin das Medikament, dessen Namen er vergessen hat, und zeichnet mit einer schnellen Folge paralleler Handschläge die Ausmaße einer quaderförmigen Schachtel in die Luft, bevor er das Wort überhaupt ausgesprochen hat.

Wie sehr Gestik und Sprache miteinander verbunden sind, verdeutlicht nicht nur diese kurze Episode, sondern – mit übersteigert großen Händen – auch die oben gezeigte Skulptur „The Storyteller" des belgischen Künstlers Reinhoud d'Haese. In Irland konnte ich einen solchen Storyteller einmal in Aktion sehen, Edmund Lenihan aus dem

County Clare. Es war eine eindringliche Erfahrung für uns Zuhörer, wie der Geschichtenerzähler zum Klang seiner Worte mit raumgreifenden Gesten Bilder in unseren Köpfen herbeizauberte. In dem drangvoll engen Pub ließen sie uns den Flug auf dem Rücken des großen Vogels, von dem die Geschichte handelte, gebannt miterleben.

Wegen ihres großen Ausdruckspotenzials sind Gesten in der Erforschung nonverbaler Kommunikation ein besonders spannendes Thema. Einfach gesagt handelt es sich um Körperbewegungen, die in irgendeiner Form bedeutsame Information übermitteln. Dabei werden typischerweise die oberen Gliedmaßen – vor allem Arme und Hände – betrachtet. Die Körperhaltung und die Mimik werden eher ausgegrenzt – anders als bei den körperlichen Äußerungen der Gehörlosensprache (Kapitel 12), für die sich im Deutschen der Begriff „Gebärden" durchgesetzt hat.

Im weiteren Sinne werden der Gestik manchmal auch Körperbewegungen zugerechnet, die ohne Mitteilungsabsicht erfolgen, zum Beispiel wenn man sich ratlos am Kopf kratzt oder die Kleidung zurechtrückt. Auch solche Handlungen übermitteln bedeutsame Information, wie im letzten Kapitel bereits angesprochen wurde. Aber jetzt soll es um gestische Äußerungen gehen, die im Zusammenhang mit dem Sprechen entstehen. Das heißt nicht unbedingt, dass jemand mit Absicht bestimmte Körperbewegungen macht. Gesten entstehen oft spontan und eher unbewusst bei dem Anliegen, etwas sprachlich mitzuteilen, wie bei der oben erwähnten Medikamentenschachtel, oder etwa wenn von einer Wendeltreppe die Rede ist.

Dennoch können in bestimmten Zusammenhängen Gesten bewusst geplant sein. Das gilt zum Beispiel für gestische Darstellungen in künstlerischen Kontexten wie Tanz, Ballett und Pantomime, und ganz sicher auch für die rhetorische Gestik, die seit der Antike gepflegt wird und für die es praktische Handbücher mit Instruktionen für den erfolgreichen Redner gibt. Gerade bei der bewusst kontrollierten Bewegung kann es jedoch gelegentlich an der Natürlichkeit hapern, und dann wirkt beispielsweise die Gestik in der politischen Rede unecht.

Bevor wir uns die spontane gestische Kommunikation näher ansehen, sei noch einmal ein Ausflug in die Semiotik erlaubt – die Wissenschaft, die das Wesen, die Entstehung und den Gebrauch von Zeichen untersucht. Drei Zeichentypen unterscheidet man hier, nach einer Einteilung, die der US-Amerikaner Charles Sanders Peirce, einer der Begründer der Semiotik, gegen Ende des 19. Jahrhunderts vorgeschlagen hat: symbolische, indexikalische und ikonische Zeichen.

Ein symbolisches Zeichen versteht nur, wer in die Bedeutung eingeweiht ist. Symbolische Gesten haben in der Regel eine direkte sprachliche Entsprechung, wie das stark eingebürgerte Zeichen für „telefonieren" (Hand mit abgespreiztem Daumen und kleinem Finger an Ohr und Mund). Ein indexikalisches Zeichen ist zum Beispiel die Geste des vorgestreckten Zeigefingers (im Englischen heißt er passend „*index finger*"). Der Empfänger einer Zeigenachricht muss jedoch darauf achten, worauf gerade gezeigt wird, wie beim Aussuchen der Brötchensorte am Verkaufsstand. Ikonische Zeichen vermitteln dagegen ihre Bedeutung durch eine bildliche Ähnlichkeit mit dem Bezeichneten, so wie bei der eingangs erwähnten Schachtelgestik. Dies setzt aber voraus, dass Sender und Empfänger über vergleichbare Fähigkeiten verfügen, das Zeichen mental auf das Bezeichnete zu beziehen. Die oben erwähnte Apothekerin konnte das offenbar: Sie antwortete sogar spontan mit einer ähnlichen ikonischen Geste, indem sie mit den Händen die Ausmaße der bedeuteten Packung über dem Ladentisch andeutete, während sie „In so einer Schachtel?" zurückfragte.

Fenster zum Denken

Beim Beobachten sprachbegleitender Gestik „ohne Ton", etwa aus der Distanz, lässt sich der Gegenstand eines Gesprächs kaum erraten. Erst im Kontext des Sprechens verrät die spontane Gestik eine Menge weiterer Informationen aus dem Denken des Sprechenden. Sie gibt nicht etwa das innerste Denken und Fühlen wieder, wie es die Mimik manchmal tut, sondern trägt auf ihre Weise zur Übermittlung der intendierten Bedeutung bei.

Viele Forscher gehen heute davon aus, dass Gesten mehr sind als bloßes Beiwerk zur Kommunikation. Dafür wurden sie lange gehalten – und daher auch nur von wenigen Wissenschaftlern eingehend untersucht. Das änderte sich endgültig in den 1990er-Jahren, unter anderem durch die einflussreichen Arbeiten des amerikanischen Psycholinguisten David McNeill von der University of Chicago: Für ihn sind Gesten ein „Fenster zum Denken". Seitdem konnten viele Studien zeigen, wie der Körper das, was jemand mit Worten übermitteln will, entscheidend beeinflusst, verschärft, abschwächt oder gar konterkariert.

McNeill vertritt dabei den Standpunkt, dass Gesten und Sprache eine untrennbare Einheit bilden und ihnen ein gemeinsamer kognitiver Prozess zugrunde liegt. Einen Hinweis darauf finden wir bereits im Alltag: Die meisten Menschen hätten enorme Probleme, längere Zeit ohne Hände und Arme zu kommunizieren. Spätestens, wenn wir etwas erklären, treten Gesten in Aktion, die meisten „koverbal", also sprachbegleitend. Mit den Händen beschreiben wir komplexe räumliche Beziehungen, Wegverläufe oder die Form von Objekten. Wir können unseren Gesprächspartnern ganze Landkarten in die Luft malen, etwa, wenn wir einen Spaziergang durch den Zoo beschreiben. Unsere Gestik bildet somit einen wichtigen weiteren Informationskanal.

Bei koverbalen Gesten kann die sprachbegleitende Körperbewegung durchaus bewusst ausgeführt werden, wenn man zum Beispiel sagt „so groß" und dabei eine Länge oder Höhe mit den Händen zeigt. In der Mehrzahl treten koverbale Gesten aber unbewusst, spontan und automatisch auf – selbst bei Abwesenheit eines sichtbaren Gegenübers wie beim Telefonieren.

Auch neurologische Befunde zu Kommunikationsstörungen offenbaren einen auffälligen Zusammenhang zwischen Sprache und Gestik. Denn nicht nur Hirnschädigungen, die zum Verlust bestimmter Beweglichkeiten der Glieder führen, beeinträchtigen die koverbale Gestik. Vielmehr leidet sie ebenfalls bei Aphasien – also dem Verlust der Fähigkeit, zu sprechen oder Sprache zu verstehen. Gestik wird demnach offenbar unter anderem von den Hirnarealen gesteuert, die für die Lautsprache zuständig sind.

Dabei liegen Laute und Gesten nicht nur für den Sprecher, sondern auch für den Hörer nah beieinander: Wer zuhört, interpretiert die Körpersprache seines Gegenübers offenbar gleich mit. Lange Zeit konnte das nur indirekt gezeigt werden, zum Beispiel indem Versuchspersonen befragt wurden, welche Informationen sie aus einer sprachlich-gestischen Äußerung herauslasen. Doch liegen hierzu nun Ergebnisse der Hirnforschung vor, etwa aus einer 2004 durchgeführten Studie der Neurowissenschaftler Spencer Kelly, Corinne Kravitz und Michael Hopkins von der Colgate University in Hamilton (US-Bundesstaat New York).

Die Forscher untersuchten den Bedeutungsbeitrag von Gesten mithilfe ereigniskorrelierter Potenziale (EKP) – charakteristischer Hirnstromsignale, die aus einer Folge positiver und negativer Ausschläge bestehen (siehe Kapitel 10). Erinnern wir uns an die besonders typische negative Spitze nach etwa 400 Millisekunden (N400), die auftritt, wenn das Hirn über einen unpassenden und unerwarteten Reiz stolpert. Die Versuchsteilnehmer wurden an den Elektroenzephalographen angeschlossen und sahen einen Videofilm mit verschiedenen Stimuli, die eine typische Gesprächssituation darstellten: Ein Schauspieler sagte jeweils ein Wort und zeigte zugleich Eigenschaften eines Objekts über eine Geste an. Dabei konnte die Handbewegung semantisch zum Wort passen, wenn etwa das Wort „groß" geäußert und dabei gestisch auf die Höhe eines Trinkglases hingewiesen wurde. In einer anderen Situation lieferte die Geste zusätzliche Informationen: Zu „groß" machten die Finger zum Beispiel eine Geste, die „dünn" – für „dünnes Glas" – bedeutete. Eine weitere, widersprüchliche Szene verknüpfte das Wort „groß" mit einer Geste für „kleines Objekt". Und manchmal gestikulierte der Darsteller überhaupt nicht – in dieser Kontrollbedingung hörten die Teilnehmer dann nur einen Begriff.

Je nach Bedingung ergaben sich nun deutlich unterschiedliche „Antworten" im Hirnsignal: Bei Bedeutungswidersprüchen zwischen Sprache und Gestik stellten die Forscher starke negative Ausschläge fest, einen N400-Effekt. Dies interpretierten sie so, dass Geste und Wort tatsächlich gemeinsam verarbeitet werden: Die Bedeutung der Geste wird in die Interpretation des Worts miteinbezogen.

Mehr als bedeutungsloses Handwedeln

Das Ergebnis wird von der Tatsache unterstützt, dass die EKPs in der Kontrollbedingung (ohne Gesten) keine vergleichbaren negativen Ausschläge aufweisen. Und auch sonst unterscheiden sich die Kurven, je nachdem ob die Handbewegung zum Wort passt, ob sie dieses nur ergänzt oder ihr sogar widerspricht. Gesten sind somit mehr als nur bedeutungsloses Handwedeln, folgern Spencer Kelly und seine Kollegen, ihr semantischer Gehalt trägt vielmehr zur Verarbeitung von Wortbedeutungen im Gehirn bei.

Woher die enge Kopplung von Gestik und Sprache rührt, kann nur vermutet werden. Die Grundlage dafür liegt möglicherweise in den Ursprüngen der Sprache selbst. Da Primaten ein durchaus reichhaltiges Gestenrepertoire besitzen – so betteln Schimpansenkinder etwa mit einer typischen Geste bei ihren Müttern, indem sie ihnen die offene Hand hinhalten –, könnte auch beim Menschen die Gestik der Sprache vorausgegangen sein. Uwe Jürgens, der vormals die Abteilung Neurobiologie am Deutschen Primatenzentrum in Göttingen leitete, vertritt mit einigen anderen Kollegen die Auffassung, dass sich beim Menschen zunächst „vokale

Gesten" entwickelten, also einfache Laute, die ähnlich eingesetzt wurden wie Handbewegungen oder Grimassen: als simple, bedeutungstragende Einheiten.

Eine enge gemeinsame Entwicklung von Laut- und Gestenkommunikation kann schon bei Kindern beobachtet werden. Ist diese Fähigkeit einmal ausgereift, bieten koverbale Gesten Forschern die Möglichkeit, uns beim Denken zuzuschauen, während wir sprechen. Da es viele Varianten solcher sprachbegleitenden Gesten gibt, hat David McNeill sie in seinem einflussreichen Buch *Hand and Mind: What Gestures Reveal About Thought* in vier Basistypen eingeteilt: deiktische, ikonische und metaphorische Gesten sowie „Beats". Beats sind uns bereits von den kommunikativen Rhythmen (Kapitel 8) als Gestentaktschläge geläufig: Eng an den Sprechrhythmus gekoppelt, verleihen sie mit Armschlägen oder Klopfbewegungen der Hand dem Gesagten eine zeitliche Struktur, unterstreichen so die „Schlagkraft" des Arguments, ganz unabhängig vom geäußerten Inhalt.

Deiktische, also zeigende Gesten begleiten oft Wörter wie „hier", „dort" oder „dies", aber auch „ich" und „du". Man zeigt dabei auf etwas Konkretes („dieses Brötchen") oder auch auf etwas nur Vorgestelltes („in diesem Fall"). Wer „ich" sagt, weist häufig mit der leicht geöffneten Hand zur eigenen Brust. Und weist die Hand zur Brust – auch ohne dass „ich" gesagt wird –, kann man doch annehmen, dass der Sprechende sich selbst meint.

Ikonische Gesten können auf etwas Räumliches bezogen sein, wie auf das Umschreiben der Schachtel in der Eingangsepisode, aber auch auf ein Geschehen, wenn jemand erzählt: „Susi hat den Kater mit dem Regenschirm verjagt" und dabei mit einem imaginären Schirm fuchtelt. Dabei kann die Geste zusätzliche Informationen liefern, indem sie etwa genauer darstellt, wie das arme Tier verjagt wird – durch Draufhauen oder Zustechen –, und sogar, ob der Kater nach links oder rechts in die Flucht geschlagen wurde.

Mit den Händen ein Thema beiseiteschieben

Metaphorische Gesten ähneln äußerlich den ikonischen, können sich aber auch auf abstrakte Dinge beziehen. Sagt man zum Beispiel „ein weiteres Thema ...", umfassen die halb geöffneten Hände oft ein unsichtbares Objekt. Indem sich der Sprecher räumlich darauf bezieht, wird das abstrakte Ding existent und greifbar. Sagt er nun weiter „... lassen wir erst einmal beiseite", wird das unsichtbare Objekt, genau wie das aufgeworfene Thema, zur Seite geschoben.

Ikonische und metaphorische Gesten können dabei ähnlich konventionalisierte Bedeutungen erlangen wie Wörter. Denken Sie nur an die Hand, die imaginären Schweiß von der Stirn wischt: „Nochmal gutgegangen!" Das versteht jeder, der die Gestensprache unseres Kulturkreises kennt. Für die deutsche Alltagsgestik hat der Berliner Semiotiker Roland Posner mit vielen Mitarbeitern das „Berliner Gestenlexikon" zusammengestellt. Das Besondere daran: Oft lässt sich rekonstruieren, wie Gesten entstanden. Posner nennt gern dieses Beispiel: Wir wedeln mit der Hand, als hätten wir uns an einer Herdplatte verbrannt, und ziehen dazu scharf die Luft ein – um zu vermitteln, dass wir es mit einer heißen Sache zu tun haben, die beinahe schiefgegangen wäre. Damit wird eine Geste metaphorisch verwendet, die eigentlich aus dem Alltagskontext stammt – der Küche nämlich.

Diese konventionalisierten Gesten funktionieren auch, ohne dass dabei gesprochen wird. David McNeill interessiert sich aber besonders für den Zusammenhang zwischen spontaner Gestik und gesprochener Sprache. Dass beides dem gleichen Gedanken entspringen könnte, vermutete in den 1980er-Jahren schon der Brite Adam Kendon, einer der „Väter" der Gestenforschung. Er beobachtete, dass koverbale Gesten ihren „Gestenschlag" – also den eigentlichen Bedeutungsträger, wie das Tippen an die Stirn – kurz vor oder spätestens mit dem Bezugswort setzen. Ob etwas mit dem Regenschirm verjagt oder ein Thema beiseitegeschoben wird: Der Hörer bekommt gleichzeitig einen visuellen Hinweis mitgeliefert.

Nach McNeills Theorie gibt es für den Prozess der Sprach- und Gestenproduktion eine gemeinsame mentale Quelle, in der eine Mischung aus vorsprachlichen Konzepten und Bildvorstellungen den Ausgangspunkt für den zu äußernden Gedanken bildet. Dieser *Growth Point*, wie ihn David McNeill nennt, stellt quasi das „Samenkorn" dar, aus dem sich dann Wörter oder Sätze einerseits und bedeutungstragende Handbewegungen andererseits entwickeln.

Dabei scheinen sich die Sprachfamilien darin zu unterscheiden, wie sie bestimmte Bedeutungsbestandteile auf Sprache oder Gesten verteilen. In den romanischen Sprachen wie dem Spanischen ist ein Gestenschlag, der einen Weg anzeigt, eher mit der Handlung gekoppelt; er erfolgt also in einem Satz wie „Er klettert durch das Rohr" bei „klettert". In germanischen Sprachen wie Deutsch und

Englisch werden die Hände dagegen eher dort aktiv, wo der Ort der Handlung bezeichnet wird: „Er klettert *durch das Rohr.*"

Die Sprachen unterscheiden sich deutlich darin, wie sie Weg-Informationseinheiten aus Sprache und Gestik formen, meint daher David McNeill. Seine Doktorandin Gale Stam, die sich mit dem Zweitsprachenerwerb beschäftigte, nutzte diese Beobachtung – um festzustellen, ob ein Spanier, der Englisch sprechen lernt, dabei auch schon auf Englisch denkt. Denn solange er den Gestenschlag beim englischen Wort *climb* (klettern) macht, übersetzt er innerlich vermutlich noch aus dem Spanischen ins Englische. Wenn der Gestenschlag dagegen spontan bei der Präposition *through* (durch) auftritt, kann man annehmen, dass der Übergang zum Denken in Englisch bereits vollzogen wurde.

Das Denken beim Sprechen

Ein solches Zeichen, wie es die spontane Geste darstellt, ist unmittelbar im Kontext der Gesprächssituation verankert, es bezeichnet nur für die beteiligten Kommunikationspartner etwas; Zeichen und Kontext sind in der ablaufenden sozialen Interaktion untrennbar verbunden. Mag es auch große individuelle Unterschiede in der Art und Weise des Gestikulierens geben (und kulturelle, zum Beispiel ist die Gestik der Italiener fließender und raumgreifender als die der Engländer oder Norweger), erscheinen Sprache und Gestik eng verknüpft.

Wenn der vorn erwähnte Storyteller Edmund Lenihan beim geschilderten Start des großen Vogels beide Arme nach hinten legt, dann hat diese Gestik nur in dieser von Erzähler und Zuhörer gemeinsam erlebten Situation die Vogelstart-Bedeutung. Die Gestik imitiert ein momentanes Geschehen aus der Vorstellungswelt des Erzählers, und die Zuhörer sehen vor dem inneren Auge den Vogel abheben. Die gestisch geäußerten Vorstellungen rufen entsprechende Bilder in unseren Köpfen hervor, werden auch Teil unserer Vorstellungen.

Die enge Verflechtung von Sprechen, Denken und Gestikulieren rief auch Forscher auf den Plan, die sich lange nur um die lautliche Sprachproduktion kümmerten. Ein einflussreiches Modell hierfür stellte Willem Levelt vom Max-Planck-Institut für Psycholinguistik im niederländischen Nijmegen vor. Demnach produziert das Gehirn sprachliche Nachrichten in drei Stufen: Zunächst wird das Gemeinte als rein vorsprachliche Nachricht angelegt, also als ein Konzept, das noch nicht sprachlich formuliert ist. Im nächsten Schritt werden für dieses Konzept Wörter gefunden und Sätze gebaut – auch hier wieder nur innerlich. Erst in der dritten Phase springt der Artikulationsapparat an und produziert über Lungen und Stimmbänder die gewünschten Äußerungen.

Levelts Schüler Jan-Peter de Ruiter hat auch die Gestik in dieses Modell eingebettet. Er nimmt an, dass in der ersten Stufe, also im „Konzeptualisierer", auch schon eine bildliche Vorstufe für Gesten entsteht: Das Gehirn entwirft ihm zufolge Gestenskizzen. Im zweiten Schritt wird aus der Skizze eine Gestenplanung – eine Art Bauanleitung, die im dritten Schritt an die Motorprogramme des Hirns ausgegeben wird. Diese veranlassen dann Hände und Arme, entsprechend zu agieren.

Mit einem solchen Modell ließe sich erklären, warum Gesten oft etwas früher zum Ausdruck kommen als die zugehörige Sprache, bei der die Wörter erst zu Sätzen zusammengebaut werden müssen. Für einen Ausdruck wie „Der Regenschirm, mit dem sie zugestochen hat" könnte die begleitende Handbewegung vielleicht erst den Regenschirm und dann das Zustechen oder auch beides gleichzeitig untermalen. Aber eine syntaktisch aufgebaute „Regenschirm-mit-dem-sie-zugestochen-hat"-Geste gibt es nicht.

De Ruiter hat die angenommene Wechselwirkung von Sprache und Gestik anhand der Zeigegesten („Das da!") näher untersucht. Er zeichnete Dialoge zwischen Gesprächspartnern auf, die sich Geschichten erzählten. Dabei fand er heraus, dass sich offenbar Sprache an Gestik, aber auch umgekehrt Gestik an Sprache anpasst: So beobachtete er, dass längeres „Ausfahren" einer Geste – etwa wenn jemand sehr weit nach oben zeigt – das parallele, darauf bezogene Sprechen verzögert. Die Anpassung in umgekehrter Richtung, nämlich von Gestik an Sprache, wird besonders offenkundig, wenn sich eine Versuchsperson versprochen hat, sodass die Äußerung ins Stocken gerät. In diesem Fall scheint die schon vorbereitete Geste mit einem Zwischenstopp auf die Ausführung des Gestenschlags zu warten – bis die Sprache wieder „glatt läuft".

Die Ergebnisse dieses Kapitels zeigen: Für das Sprechen sind unsere Hände genau so wichtig wie der Mund und der Kopf. Untrennbar mit dem Sprechen verbunden, verraten Gesten viel mehr vom Denken und den Vorstellungen des Gesprächspartners als das gesprochene Wort allein. Deswegen interessieren sich auch Robotiker für das Gestikulieren, denn sie wollen möglichst lebensechte Partner für den Menschen bauen und ihren künstlichen Wesen diese Kunst beibringen.

15

Kommunikation zwischen Mensch und Tier

„Können Affen, die eine Zeichensprache gelernt haben, einem Menschen eigentlich damit mitteilen, dass sie zum Beispiel traurig sind?"

Eine Studentin hatte die Frage gestellt und dabei – wie ich sofort spürte – genau den Punkt getroffen. Denn wenn sich ein Affe tatsächlich einer artfremden Kommunikationsform, nämlich der Symbole einer Zeichensprache, bedient, um sich auszudrücken, dann kann es doch eigentlich keine zufällige Äußerung sein: Er müsste diese Mitteilung vielmehr beabsichtigt haben, mit anderen Worten, intendiert

kommunizieren. Dazu müsste er sich zunächst seiner Empfindung, der Traurigkeit, bewusst sein und – mehr noch –
vielleicht erwarten, dass der Empfänger der Nachricht diese
Empfindung nachvollziehen kann. Und wenn man es zu
Ende denkt, könnte der Affe mit einer solchen Mitteilung
sogar die Absicht verfolgen, das Verhalten des Menschen zu
seinen Gunsten zu beeinflussen.

Ob Tiere sich mit dem Menschen über Bedeutsames
austauschen können, ob sie dazu gar sprachliche Symbole
ähnlich wie der Mensch einzusetzen vermögen, wird von
Wissenschaftlern kontrovers diskutiert. Unabhängig davon
ist es der Wunsch des Menschen, mit seinem Tier zu kommunizieren – ob es sich um die Hauskatze oder den ausgebildeten Jagdhund handelt. Wir schließen das Tier eben
gern in unsere Sozialgemeinschaft ein und schreiben den
Reaktionen auf unsere Kontaktaufnahme einen Sinn zu, der
sich dem Tier vermutlich eher entzieht. Wir glauben vielleicht auch, in den Äußerungen der Tiere ihre Emotionen
erkennen zu können. Dabei ist aber Vorsicht angebracht,
denn die Bedeutung von Emotionsausdrücken, wie wir sie
an uns selbst nachvollziehen, lässt sich nicht einfach auf
Tiere übertragen.

Nehmen wir das freundlich anmutende Lächeln von
Affen als Beispiel – ein Gesichtsausdruck, bei dem das Tier
ohne Stimmbeteiligung die Zähne zeigt. Um dem Vorwurf
der Vermenschlichung vorzubeugen, sprechen Primatenforscher neutral vom „Entblößte-Zähne-Gesicht" (*silent
bared-teeth face*). Man beobachtet es etwa bei Rhesus-
affen als Reaktion auf Dominanzverhalten. Wenn sich ein
ranghöherer Affe nähert, dann zeigt der andere Affe diesen Gesichtsausdruck, der auch „Furchtgrinsen" genannt

wird und eine Unterwerfungsgeste darstellt. Dagegen zeigen bestimmte Makaken das Grinsen, wenn sie gestreichelt werden, es scheint Wohlbefinden zu signalisieren. Noch deutlicher wird es bei den Bonobos: Hier scheint dieses Grinsen einem zufriedenen Lächeln gleichzukommen, beispielsweise wenn sie sich von Angesicht zu Angesicht paaren.

Es deutet manches darauf hin, dass höhere Tiere ähnlich wie wir Menschen Stimmungen und Gefühle haben, die sie auch zum Ausdruck bringen können. Tatsächlich scheint ihr Gehirn, etwa beim Spielen, körpereigene Glückshormone zu produzieren wie das Gehirn des Menschen. Bei Säugetieren konnten Wissenschaftler bestimmte Botenstoffe im Gehirn nachweisen, die für die Verarbeitung von Emotionen wie Freude und Lust wichtig sind.

Auch Affen lesen Mimik in Gesichtern

Doch selbst wenn uns Affen stammesgeschichtlich nah verwandt sind, haben sich die sozialen Funktionen der Gesichtsausdrücke in der Evolution verschoben; so ist aus dem Furchtgrinsen der Affen das freundliche Lächeln des Menschen geworden. Bei Menschen wie bei Tieren ist jedoch das Erkennen und Deuten solcher Signale eine notwendige Voraussetzung, um auf den Sozialpartner angemessen reagieren zu können. Können auch Affen die Mimik in den Gesichtern ihrer Artgenossen lesen?

Am Yerkes-Primatenzentrum in Atlanta (US-Bundesstaat Georgia) hat die Primatologin Lisa Parr erforscht, ob Schimpansen die Gesichtsausdrücke ihrer Artgenossen verstehen

können. Uns Menschen signalisiert beispielsweise das sogenannte Spielgesicht der Affen eine positive Emotion; das
Gesicht eines schreienden Affen kommt uns dagegen ängstlich oder zornig vor. Können Affen solche Gesichtsausdrücke überhaupt unterscheiden?

Um das herauszufinden, präsentierte die Forscherin
ihren Affen auf einem Bildschirm Fotos mit verschiedenen
Gesichtsausdrücken von Artgenossen. Vorher hatte sie den
Schimpansen beigebracht, mit einem Joystick solche Bilder auf dem Bildschirm zu sortieren. Es zeigte sich, dass
die Affen ähnliche Gesichtsausdrücke recht gut erkennen:
Ein abweichendes Gesicht sonderten sie – nach dem Prinzip „Eins von diesen Dingen passt nicht zu den anderen"
– aus. Die Affen konnten auch Videoclips, bei denen zu
den Gesichtsausdrücken passende Affenlaute dargeboten
wurden – zum Beispiel freundlich gurrend oder ängstlich
schreiend – von solchen unterscheiden, bei denen mit
Absicht ein nicht stimmiger Laut eingespielt war.

In einem weiteren Experiment untersuchte Lisa Parr, ob
Schimpansen in den Gesichtern ihrer Artgenossen tatsächlich einen emotionalen Ausdruck erkennen können. Diesmal mussten die Affen – wieder mit der Joystick-Methode
– eine Zuordnung von Fotos verschiedener Affengesichter
mit Fotos von emotional positiv oder negativ besetzten
Dingen vornehmen. Das konnten die Schimpansen ebenfalls recht gut: Ein entspanntes Gesicht ordneten sie etwa
einem Bild mit Fruchtsaft zu und ein ängstliches Gesicht
dem Foto, das eine Spritzennadel zeigte. Dies könnte heißen, so vermutet die Forscherin, dass Affen die Bedeutung
emotionaler Gesichtsausdrücke ihrer Artgenossen erkennen
können.

Ein ängstlich oder entspannt schauender Affe mag damit etwas über seinen emotionalen Zustand mitteilen – seinen Artgenossen und vielleicht auch dem Menschen, der ihn beobachtet. Allerdings ist das wohl eher eine zufällige, unbewusste Mitteilung. Umso interessanter erscheint die eingangs aufgeworfene Frage, ob Affen, die Zeichensprache gelernt haben, einem Menschen damit – absichtlich – etwas mitteilen können. Das wirft zunächst die Frage auf, ob Tiere sich überhaupt ihrer Empfindungen bewusst sind und, zweitens, ob sie das intendiert äußern können.

Bewusstes Kommunizieren

Zumindest im Hinblick auf das Empfinden sprechen Wissenschaftler vielen Tieren ein „Kernbewusstsein" zu, und je höher die Evolutionsstufe, auf der ein Tier steht, desto ausgeprägter sind Hinweise auf ein solches Bewusstsein. So vermutet man, dass Hunde, Katzen oder Affen Schmerz und Liebkosungen nicht nur spüren, sondern bewusst erleben, also leiden oder genießen.

Eine höhere Form von Bewusstsein betrifft die intendierte Kommunikation. Wenn ich mir den Fuß umknicke und „aua" rufe, so ist das eine unwillkürliche Reaktion auf den Schmerz. Einem zufällig Anwesenden teilt das etwas mit, auch ohne dass ich die Absicht dazu hatte. Wenn ich jedoch zu jemandem sage „Mein Fuß schmerzt", dann ist das bewusstes Kommunizieren. Es ist getragen von der Absicht, den anderen über meinen Zustand zu informieren, von der Überzeugung, dass er mich versteht und meine Empfindung nachvollziehen kann, und von meinem Wunsch oder Ziel,

Mitleid und vielleicht Hilfe zu erfahren. Ebenso gehen wir davon aus, dass der andere – wie wir – Absichten, Überzeugungen, Wünsche und Ziele hat. Zwar können wir sie nicht direkt erkennen, aber wir unterstellen sie, weil der andere Mensch ebenfalls ein denkendes und fühlendes Wesen ist. Viele Wissenschaftler glauben, nur wir Menschen seien mit dieser Fähigkeit ausgestattet, und warnen davor, auch Tieren ein solches Innenleben zuzuschreiben.

Wenn etwa ein Igel den Futternapf, den man ihm hingestellt hat, laut scheppernd gegen die Haustür schiebt, meinen wir vielleicht, der will sein Futter haben. Er tut das, um uns seinen Wunsch mitzuteilen – er weiß, wo er sein Futter bekommt. Wir versetzen uns in das Tier hinein, als habe es menschliche Wesenszüge. Dabei handelt es sich möglicherweise nur um ein konditioniertes Verhalten, das früher zufällig erfolgreich war.

In der Primatenforschung gibt es aber erstaunliche Hinweise, dass auch Tiere Absichten verfolgen können. Und könnte sich ein Affe einer Gebärdensprache bedienen, dürfte man annehmen, dass er zum Symbolgebrauch fähig ist. Nach dem in Kapitel 12 Gesagten steht das Zeichen einer Gebärdensprache als Symbol für eine Bedeutung (das Bezeichnete) und kann in der Kommunikation zur Übermittlung von Gedanken benutzt werden. Das heißt, wenn Affen solche Zeichen in der richtigen Weise benutzten, wenn sie etwa gebärdensprachliche Namen für Objekte den Objekten verlässlich zuordnen könnten, dürfte vermutet werden, dass sie auch in ihrem Denken Symbole handhaben.

Können Affen Symbole gebrauchen?

Schon Anfang der 1970er-Jahre gelang es den Psychologen Beatrice und Allen Gardner an der University of Nevada, einem jungen Schimpansenweibchen namens Washoe 132 Zeichen der amerikanischen Gebärdensprache ASL (American Sign Language) anzutrainieren, um sich mit der Schimpansin verständigen zu können. Das dauerte vier Jahre und war recht mühevoll: Man brachte Washoe die Gebärden zum Teil dadurch bei, dass ein Trainer ihre Hände nahm und damit die entsprechenden Bewegungen formte. Auch andere Menschenaffen erlernten auf solche Weise bis zu mehrere Hundert Zeichen – so das Gorillamädchen Koko, mit dem die Psychologin Francine Patterson in den 1980er-Jahren an der Stanford University arbeitete.

Washoe und Koko verwendeten Gebärdenzeichen ähnlich wie ein Kleinkind, das einzelne Wörter benutzt. Mit den Zeichen konnten die Affen einfache Fragen ihrer Experimentatoren beantworten und auch spontan um Dinge bitten, die sie haben wollten. Aber verstanden die Affen wirklich den Sinn ihrer Mitteilungen? Oder nutzten sie einfach nur ein antrainiertes Verhalten, um etwas Bestimmtes zu erreichen?

Bereits in den 1960er-Jahren, als solche Forschung noch im Aufbruch war, hatte der US-amerikanische Psychologe George Miller die Frage aufgeworfen, ob Affen auch einzelne Zeichen zu neuen Aussagen kombinieren und sie gar syntaktisch zusammensetzen könnten. Das scheint aber ebensowenig der Fall zu sein wie beim Kleinkind; Affen können zwei oder drei Zeichen kombinieren, und nur ganz selten ist die Reihenfolge der Zeichen von Belang für die Bedeutung der Mitteilung. (Es ist ein Unterschied, ob man sagt, „Peter kitzeln Amy" oder „Amy kitzeln Peter".) Oft trägt ein weiteres Zeichen nichts Neues bei, sondern wiederholt nur vorher Geäußertes. Dies wird zum Anlass genommen, den Affen eine dem Menschen vergleichbare Sprachfähigkeit abzusprechen. Es kommt also darauf an – und darum geht der wissenschaftliche Streit – ob man die menschliche Sprachfähigkeit an einer entwickelten Syntax festmacht oder daran, dass Bedeutungen in kommunizierbare Zeichen übersetzt werden, die ein Empfänger der Nachricht erfolgreich interpretieren könnte.

Leidtun beißen kratzen

Eine der längsten Äußerungen, die das Gorillamädchen Koko einmal mit ASL produzierte, war eine Aneinanderreihung von Zeichen in folgender Weise: „Bitte, Milch, bitte, mir, mag, trinken, Apfel, Flasche." Dies sieht wirklich nicht sehr sprachlich aus. Dennoch bestand kaum Zweifel daran, was das Ziel der Wünsche war, die Koko den Menschen in Gebärdensprache mitteilte – dass sie Futter haben wollte. Es wird auch von kreativen Zeichenkombinationen berichtet, die Koko selbst erfunden haben soll, um neue Dinge zu benennen: etwa „Hör-Getränk" für ein Glas mit bitzelndem Sprudelwasser, oder „Wasser-Vogel" für eine Ente – die Koko auch so bezeichnete, wenn die Ente nicht im Wasser war! Und Washoe erfand zum Beispiel die Zeichenkombination „Weiss-Tiger" für ein Zebra.

Bei beiden Affen wurde beobachtet, dass sie Zeichen auch auf neue Situationen verallgemeinern konnten. Etwa hatte Washoe gelernt, das Zeichen für „öffnen" zu verwenden, wenn sie die Tür geöffnet haben wollte. Dasselbe Zeichen benutzte sie gegenüber Menschen aber auch, um sich Schachteln, Schubladen, Aktentaschen, Bilderbücher oder Wasserhähne öffnen zu lassen. Ähnlich benutzte sie das Zeichen für „Blume" nicht nur für verschiedene Blumen, sondern auch für Pfeifentabak und Kochdünste; es stand bei ihr offenbar für „Geruch". Als man später Washoe das Zeichen für „Geruch" beibrachte, benutzte sie das Blume-Zeichen nur noch für Blumen.

Nun ist allerdings das Benennen eines für alle Beteiligten sichtbaren Objekts noch nicht völlig damit vergleichbar, wie Menschen Symbole gebrauchen können. Spannender ist nämlich die Frage, ob ein Affe ein solches Zeichen auch benutzen kann, um ein abwesendes Objekt zu benennen, das das Tier aber haben will. Es hat sich in verschiedenen Studien gezeigt, dass Affen, die Gebärdensprache gelernt haben, damit auch abwesende Dinge, etwa Nahrung, anfordern können. Man könnte ihnen somit zubilligen, dass sie intendiert kommunizieren, also Absichten verfolgen. Obwohl wissenschaftlich lange umstritten, gilt es heute als bewiesen, dass Menschenaffen lernen können, einfache Gedanken auszudrücken – dabei müssen sich die Zeichen aber auf für die Affen interessante Dinge beziehen –, und dass sie so ihre Absichten und Wünsche, vielleicht sogar ihre Vorstellungen, dem Menschen mitteilen können.

Können nun Affen, die Zeichensprache gelernt haben, einem Menschen damit mitteilen, was sie empfinden? Zwei überlieferte Episoden, eine mit Koko und eine mit Washoe, mögen hier als Hinweise dienen.

In einem plötzlichen Wutanfall hatte Koko, das Gorillamädchen, ihre Betreuerin Francine Patterson – ihr Spitzname ist „Penny" – an der Hand verletzt. Über den Zwischenfall verständigten sie sich in ASL, drei Tage später, wie folgt.

> Penny: „Was hast du mit Penny gemacht?"
> Koko: „Beißen."
> Penny: „Du gibst es zu?"
> Koko: „Leidtun beißen kratzen."
> Penny zeigte nun ihre Hand mit der Wunde vor.
> Koko: „Falsch beißen."
> Penny: „Warum beißen?"
> Koko: „Weil wütend."
> Penny: „Warum wütend?"
> Koko: „Nicht wissen."

In der Episode mit der Schimpansin Washoe ging es darum, dass ihre Betreuerin Beatrice Gardner ein Treffen versäumte, auf das Washoe offenbar gewartet hatte. Bei der nächsten Begegnung zeigte sich Washoe erkennbar kühl. Die Betreuerin signalisierte Washoe, dass sie eine Fehlgeburt gehabt hatte, unter Anspielung auf einen ähnlichen Fall in der Affengruppe. Darauf gebärdete Washoe – so ist es überliefert – das Zeichen für „weinen" zurück!

Auch wenn ein wenig Skepsis angebracht sein mag: Die Erörterung der eingangs gestellten Frage sollte jedenfalls den Blick für die Feinheiten einer tiefer gehenden Kommunikation schärfen. Wenngleich wir mit Tieren sicherlich nicht auf die gleiche subtile Weise kommunizieren können wie mit Menschen, so scheint es doch, dass Kommunikation zwischen Mensch und Tier – auch im sprachlichen Sinne –

unter bestimmten Umständen und in bestimmtem Umfang möglich ist. Ebenfalls dürfen wir vorsichtig annehmen, dass dabei auch Formen von Bewusstsein im Spiel sein können.

Ist eine solche Kommunikation wohl auch zwischen so unterschiedlichen „Arten" wie Mensch und Maschine möglich?

16
Ich, Max

„Halten Sie es für möglich, dass Max eines Tages ein Bewusst-sein von sich selbst haben könnte?"

Das wurde ich einmal auf einer Tagung in Zürich gefragt. Zuvor hatte ich dort unsere Arbeiten über Max vorgestellt – ein künstliches Wesen, das in virtueller Realität verkörpert ist und dem wir in früheren Kapiteln immer wieder einmal begegnet sind. Beim Verabschieden sagte ein Kollege noch zu mir „Grüßen Sie Max!", und als ich wenige Stunden später bei einer Kollegin in Osnabrück eintraf, fragte sie mich als Erstes: „Wie geht's Max?" Ob mit Augenzwinkern gesagt oder nicht – irgendwie ist es dazu gekommen, dass sich meine Mitmenschen für Max interessieren, als sei er eine Person, die eine Art von Dasein führt, sich über Grüße freut und wechselnde Befindlichkeit und vielleicht sogar ein Bewusstsein hat. Aber selbst wenn unser Maschinenwesen seinen Namen kennt und in seinen Äußerungen „ich" sagt, würden wir kaum annehmen wollen, dass Max sich seiner selbst bewusst ist.

Wieso mag Max meinen Kollegen in besagter Weise gegenwärtig sein? Vielleicht liegt es daran, dass er eine Reihe von Merkmalen hat, die an eine Person erinnern – selbst wenn er nur in einer computergenerierten virtuellen Realität existiert. Max hat ein menschenähnliches Äußeres: Er hat Arme und Hände zum Gestikulieren und Beine, mit denen er seinen Standort verändern kann. Zudem hat Max künstliche Sensoren, mit denen er uns in gewissem Umfang wahrnehmen kann, und er versteht Spracheingaben oft im Nu. Mit seiner künstlichen Stimme kann Max höher oder tiefer, lebhafter oder weniger lebhaft sprechen; dabei kann er freundlich, fröhlich, ärgerlich oder zornig schauen. Das alles soll, wenn Max Dialoge mit Menschen führt, eine Verständigung in ganz natürlicher Weise ermöglichen.

Im Alltag bewährt sich Max seit vielen Jahren als Museumsführer im Heinz Nixdorf MuseumsForum in Paderborn. Von einer großen Projektionswand begrüßt er die Besucher, erzählt ihnen Wissenswertes über die Ausstellung und vieles mehr. Er fragt die Leute, wie sie heißen und woher sie kommen, und sagt dann zum Beispiel „Hallo, Conrad. Freut mich, dich zu sehen. Ich kann dir Verschiedenes erklären oder einfach ein bisschen mit dir plaudern." Um den Besuchern Tag für Tag Fragen zur Ausstellung beantworten zu können, haben wir Max einen recht ansehnlichen

Wortschatz und eine Menge Wissen über seine Umgebung einprogrammiert. Und wenn er einmal nicht weiter weiß, gibt er eine ausweichende Antwort. Mit seinen simulierten Gesichtsmuskeln kann er sogar Emotionen zum Ausdruck bringen. Heißt das am Ende, Max hätte tatsächlich Gefühle?

Hat Max Gefühle?

All unser Denken und Tun wird von Emotionen und Gefühlen begleitet. Wenn uns etwas gelingt oder jemand nett zu uns ist, empfinden wir Freude, und wir ärgern uns über ein böses Wort oder wenn uns etwas misslingt. Das heißt, Emotionen können positiv oder negativ sein – sie bewerten, was uns widerfährt. Zweitens können sie von unterschiedlicher Stärke sein: Wir können uns mehr oder weniger stark freuen oder ärgern. Das Wort „Gefühl" weist aber drittens darauf hin, dass der Körper beteiligt ist, wenn wir zum Beispiel „sauer" sind und unsere Emotionen auf unser Gesicht und unsere Stimme abfärben.

Kann Max sich denn auch freuen oder ärgern? In gewissem Sinne ja. Ihm wurde ein künstliches Emotions-system einprogrammiert. Es erhält Impulse von außen – durch die Dinge, die Max wahrnimmt – und von innen: wenn Max eines seiner Ziele erreicht oder verfehlt. Jeder Impuls wirkt sich auf das Emotionssystem von Max aus und steigert oder dämpft seine Stimmung. Bleiben solche Impulse aus, bekommt Max Langeweile.

Max freut sich zum Beispiel – so haben wir es eingerich-tet – wenn man ihn begrüßt, wenn er Menschen sieht – die er als solche erkennt, wenn sein Kameraauge ein Gesicht registriert. Er freut sich auch über nette Worte, und er kann sich mächtig ärgern, wenn das, was die Besucher über die Tastatur eingeben, beleidigend ist. Wiederholt sich das schlechte Benehmen, geht seine Laune derart in den Keller, dass er sich aufgebracht verabschiedet und erst wiederkommt, wenn er sich „beruhigt" hat. Einmal blieb Max so lange verschwunden, dass wir einen telefonischen Hilferuf aus dem Museum erhielten …

Die Emotionen wirken sich auch auf das Äußere von Max aus: Sein Gesichtsausdruck ändert sich. Sein Emotionssystem beeinflusst darüber hinaus Tonlage und Tempo seiner Stimme und zugleich die Art und Weise, wie Max seine Gesten ausführt. Und errät er bei seinem Lieblingsratespiel das Tier, das ein Besucher sich ausgedacht hat, sagt er zum Beispiel „Super, dann hab ich es herausgefunden, und das mit nur vier Fragen" und hebt mit triumphierender Miene vier Finger in die Luft.

Durch seine Emotionen sieht Max immer wieder neu aus, klingt seine Stimme immer etwas anders. Viele Zehntausend Besucher im Nixdorf-Museum haben das schon erlebt. „Bist du ein Roboter?" – „Bist du ein Mensch?" – „Kann man dich mit nach Hause nehmen?", wird er dort des Öfteren gefragt, aber auch „Hast du ein Bewusstsein?" oder „Bist du dir deines Daseins bewusst?" Könnte Max vielleicht noch besser auf den Menschen eingehen, wenn er eine Art von Selbst-Bewusstsein hätte?

Die doppelte Berührung

Selbst-Bewusstsein beinhaltet nach dem in Kapitel 15 Gesagten, dass man seine Gefühle und Gedanken auf den eigenen Körper und Geist beziehen kann – und auch merkt, dass man selbst es ist, der etwas tut oder dem etwas widerfährt. Dazu müssen wir aber erst einmal begreifen, dass wir „da sind".

Jeder kann das selbst ausprobieren: Wenn ich mit einem Finger meine Hand berühre, dann fühle ich das doppelt: Jedes Mal, wenn mein Finger meldet, dass er etwas berührt, spüre ich an meiner Hand, dass ich berührt werde. Diese doppelte Sinneserfahrung des Handelns (Berührens) und Erfahrens (Berührtwerdens) fehlt aber, wenn es ein anderer ist, den man oder der einen berührt. Das unterscheidet gerade die Wahrnehmung von sich selbst von der Wahrnehmung von etwas anderem. Mit der doppelten Berührung können wir uns unserer selbst vergewissern.

Ähnlich ist es mit dem Spiegelbild: Jedes Mal, wenn ich zum Beispiel meine Wange berühre und die Berührung spüre, sehe ich eine entsprechende Berührung im Spiegelbild. So kann ich das Bild im Spiegel mit meiner Körperwahrnehmung in Einklang bringen. Wichtig ist dabei aber, dass man *vorhat* (als Ziel), eine solche Handlung auszuführen. Erst so lässt sich das, was man außen sieht, mit dem, was man bei der Berührung des eigenen Körpers fühlt, zusammenbringen. Wenn man vorhat, etwas zu tun, weiß man auch, dass man es selbst tut (deshalb kann man sich selbst nicht kitzeln).

Wenn nun Max vorhätte, sich selbst zu berühren, und dann eine doppelte Berührung „spürte" – könnte er das ebenfalls zusammenbringen? Im Labor haben wir Max mit „Körperfühlern", also Berührungssensoren, ausgestattet. Wenn wir die mit einem Datenhandschuh stimulieren, nimmt Max das wahr und reagiert darauf: zum Beispiel mit lustigen Grimassen, wenn man seine Wangen berührt. Dabei speichert er alle Informationen über seine Ziele und das, was er wahrnimmt, im Computercode. Max müsste dann aber – wie wir Menschen – auch unterscheiden können, welche Ereignisse sich auf ihn selbst beziehen und welche nicht. Nehmen wir nun einmal an, dass Max alle Informationen, die sich auf ihn selbst beziehen, besonders markiert – sagen wir mit „SELBST". Mit dieser Markierung werden somit Max' Körperwahrnehmungen als seine „verbucht" und ebenfalls die im Computercode gespeicherten Ziele seiner auf sich selbst gerichteten Handlungen.

Könnte Max sich so auch im Spiegel erkennen? Machen wir einmal ein Gedankenexperiment (erinnern Sie sich dazu an den simulierten Spiegel in der virtuellen Werkstatt aus Kapitel 4). In virtueller Realität nimmt Max sein simuliertes Spiegelbild wahr: Es bewegt sich genau so wie Max, legt zum Beispiel simultan mit ihm eine Hand an die Wange. Über die SELBST-Markierung wäre es technisch möglich, dass Max die äußere Wahrnehmung (Berührung der Wange im Spiegelbild) mit der inneren Körperwahrnehmung (Berührtwerden an der Wange) zusammenbringt. Dies wäre der Anfang für eine Identifikation seiner „eigenen Person".

Max, der Einsiedler

Wie könnte das mit dem Selbst-Bewusstsein von Max weitergehen? Die Sache ist etwas verzwickt und muss in drei Schritten überlegt werden. Schritt 1 hat damit zu tun, dass wir Menschen als soziale Wesen in unserem Denken die Perspektive eines anderen einnehmen können. Schritt 2: Ausgehend davon wird uns eine „Außensicht" auf uns selbst möglich, wenn wir uns nämlich vorstellen, was der andere von uns denken könnte. Und schließlich – Schritt 3 – können wir damit auch eine äußere Sicht auf unser eigenes Denken nehmen.

Gehen wir diese drei Schritte einmal für Max an einem spekulativen Beispiel durch. Es geht darin wieder um den Modellbaukasten mit Schrauben und Leisten. Betrachten Sie hierzu noch einmal das Bild am Anfang von Kapitel 11, wo Schrauben mit farbigen Köpfen und kleine und große Leisten gezeigt sind.

Stellen wir uns für den Moment vor, Max sei ein Einsiedler, der ganz allein in seiner virtuellen Welt weilt. Den ganzen Tag lang steckt und schraubt er Bausteine zusammen und trifft dabei niemand anderen, mit dem er sich darüber verständigen müsste. In seinem Rechnergehirn notiert sich Max für seine virtuelle Welt so viele Fakten wie nötig, um sich die für ihn wichtigen Dinge zu merken. Zunächst gibt er jedem Objekt in seiner Umgebung einen Namen, sagen wir einfach „Dings", „Dangs", „Dongs" usw. Max speichert sich (im Computercode) Notizen über die Objekte ab, zum Beispiel ihren Typ, ihre Farbe und Größe:

Dings: eine Schraube, die gelb ist
Dangs: eine Schraube, die blau ist
Dongs: eine Leiste, die lang ist
und so weiter

Beim Bauen überlegt sich Max jeweils seine nächsten Schritte, wie „das Dings in das Dongs stecken" (heißt: die gelbe Schraube in die lange Leiste stecken). Dabei muss er nicht darüber nachdenken, dass *er selbst* das tut: Als Einsiedler ist er ja der einzige, der es tun könnte.

Max und Pogo

Eines Tages geschieht es nun: Max trifft ein anderes Wesen, das sich auch für die Bausteine interessiert. Das andere Wesen ist für Max ein neues Objekt in seiner Umwelt, und Max gibt ihm deshalb in Gedanken einen Namen – sagen wir „Pogo". Das Pogo scheint Max ähnlich zu sein, zumindest sieht es so aus. Und so überlegt Max, was es vorhaben könnte – zumal Pogo fasziniert auf Dings und Dongs (die gelbe Schraube und die lange Leiste) starrt. Deshalb versucht Max, die Perspektive von Pogo einzunehmen: Er stellt sich also vor, was Pogo im Sinn haben könnte (Schritt 1). Glaubt Max zum Beispiel, dass Pogo vorhat, die zwei Bausteine ineinander zu stecken, formuliert er das in seinem Rechnergehirn wie folgt:

„Pogo will das Dings in das Dongs stecken."

Vielleicht schaut Pogo ihn aber auch nur an und deutet auf die beiden Bausteine: Will Pogo ihm vielleicht den Vortritt lassen? Um sich das aus der Perspektive des anderen vorzustellen, muss Max nun doch auf sich selbst Bezug nehmen und sich in Gedanken selbst anreden – sagen wir der Einfachheit halber mit „Max". (So wie ein Kind zunächst nicht „ich", sondern seinen eigenen Namen gebraucht, wenn es sich auf sich selbst bezieht.) Erst damit kann Max dann den vermuteten Wunsch des anderen, Max solle die Bauteile verbinden, angemessen formulieren (Schritt 2):

> „Pogo will, dass Max das Dings in das Dongs steckt."

Wenn Max darauf eingeht, wird er nun ein Ziel für sich formulieren: „Das Dings in das Dongs stecken". Und jetzt aufgepasst: Auf die gleiche Weise wie eben könnte Max dieses Ziel dann auch auf sich beziehen, indem er sich in Gedanken selbst anredet:

> „Max will, dass Max das Dings in das Dongs steckt."

Damit wird explizit ausgedrückt, dass er selbst die Teile verbinden will. Mit dieser speziellen Aussage über sich selbst sähe Max sich aus äußerer Perspektive – quasi als ein Objekt der Welt. Erst mit dieser Außensicht auf sein eigenes Denken wäre ihm „bewusst", was er selbst glaubt und wünscht (Schritt 3).

Wichtig wäre allerdings, dass Max so programmiert ist, dass er den speziellen Namen „Max" immer nur in Formulierungen verwendet, die wirklich auf ihn selbst bezogen sind. Könnte er sie dann noch über die oben erwähnte

SELBST-Markierung mit seiner körperlichen Person zusammenbringen, wäre das der Ausgangspunkt dafür, dass Max sein Denken und Tun auf seinen Körper bezieht, sich als handelndes Wesen wahrnimmt.

Von sich sprechen können

Der Antwort auf die Frage, ob Max ein Bewusstsein von sich selbst haben könnte, sind wir nun ein Stück näher gekommen. Dabei kam einiges ans Licht, das auch Einsichten in unser eigenes Selbst-Bewusstsein vermittelt. Fassen wir noch einmal zusammen: Das Ich hat einerseits einen körperlichen und andererseits einen sozialen Bezug. Der erste Bezug hat mit der Selbstidentifikation zu tun, der zweite damit, dass man sich seine Wünsche, Ziele und Handlungen selbst zuschreibt. Dazu kommt es (wenn wir das oben über Max Gesagte auch für uns in Anspruch nehmen wollen) erst im sozialen Kontext, nämlich wenn wir uns im Geist aus der Sicht eines Gegenübers betrachten. Pointiert gesagt: Einsiedler kämen ohne das aus, denn sie müssen sich nicht aus der Perspektive eines anderen sehen.

Dafür benötigt man jedoch, wie gesagt, einen speziellen Namen, mit dem man sich im Denken explizit auf sich selbst beziehen kann. Das heißt aber noch nicht, dass man auch ein Wort dafür haben müsste – das Ich im Sinne von „selbst" und das Verfügen über das Wort „ich" sind zweierlei Dinge. Ein Wort für „ich" gibt es in vielen, vermutlich den meisten Sprachen der Welt, wie in der Swadesh-Liste in Kapitel 9 „Wörter und Sätze" aufgeführt. In manchen Kulturen wird es aber nur unter besonderen Umständen gebraucht – so etwa im Thailändischen, wo der Selbstbezug umgangssprachlich in der Regel implizit bleibt: Man sagt dort zum Beispiel „gehen nach Hause" von sich selbst und würde ein explizites „ich" nur gebrauchen, wenn es gar nicht anders geht.

Zurück zu Max. Wenn Max mit uns plaudert, kommt in seinen Äußerungen auch das Wort „ich" vor. Doch erst wenn Max beim Gebrauch des Wortes „ich" wüsste, dass er damit sich selbst meint, wäre es ein bewusstes Handeln. Die Bedeutung des Wortes „ich" hätte er dann gelernt, wenn er nur dann „ich" sagte, wenn er von sich selbst spricht.

Kann Max das jetzt schon? *Jein.* Wenn Max „Smalltalk" macht – das tut er im Nixdorf-Museum immer dann, wenn er eine Frage nicht versteht und dann eine ausweichende Antwort gibt –, sagt er das „ich" nur so daher. Max wurde aber so programmiert, dass er grundsätzlich versucht, in den Eingaben seiner Besucher ein Ziel zu erkennen, also „was sie von ihm wollen". Er führt auch Buch darüber, wer im Dialog gerade am Zuge ist – „Max" oder „Besucher". Und dann sagt er „ich", wenn er sich auf „Max" bezieht.

Wir haben einmal mehrere Wochen lang Statistik geführt – anhand eines Computerlogbuchs, in dem die Dialoge mit den Museumsbesuchern anonym aufgezeichnet werden. Bei insgesamt mehr als 50 000 ausgewerteten Besuchereingaben konnte Max für fast zwei Drittel davon ein Ziel ermitteln – nicht immer richtig: Max kann sich irren, wie ein Mensch auch. Aber das heißt, in der Mehrzahl der Fälle hat Max den Dialog sozusagen „mit Verstand" geführt.

Übrigens hat Max in diesem Zeitraum etwa dreimal täglich mit verärgertem Gesicht seine Projektionswand im

Museum verlassen, weil seine Laune in den Keller ging. Das geschieht zum Beispiel, wenn ein Besucher wiederholt politisch unkorrekte Dinge eingibt. Eine solche Maßnahme wurde von der Museumsleitung gewünscht, um störendes Verhalten zu unterbinden. Aus dem „Off" meldet Max sich dann mit beleidigter Stimme und sagt zum Beispiel „Jetzt bin ich missgelaunt". Wie kommt es aber, dass Max auch von seinen Emotionen sprechen kann?

Wie weiter vorne erläutert, ändert sich Max' Stimmung ständig in Abhängigkeit von seinen emotionalen Bewertungen und beeinflusst sein Verhalten. Parallel gelangen ausgeprägte Emotionen in seine Gedanken – so wie wir merken, dass wir uns ärgern, wenn wir uns ärgern. In diesem Sinne lässt sich sagen, dass Max von seinen Emotionen weiß. Das kann Max dann auch verbal äußern, wenn er von sich spricht.

Somit ist es nicht völlig abwegig, wenn ein Mensch auch dem künstlichen Wesen Max Absichten, Wünsche und Ziele unterstellt, die Max auf sich selbst beziehen kann, denn so wurde er programmiert. Über emotionale Bewertungen kann Max auch „gut" und „schlecht" unterscheiden. Etwas unbefriedigend ist jedoch, dass Max nur für den Moment Kenntnis von seinem Tun hat. Solange Max nicht weiß, was er gestern getan hat und was er morgen tun könnte, hat er kein zeitlich überdauerndes „Ich". Er braucht ein autobiographisches Gedächtnis, das seine Erinnerungen aufbewahrt. Dann könnte Max zum Beispiel Vertrautes wiedererkennen und auch erkennen, dass ein Ereignis für ihn neu ist. Je vollständiger das eines Tages gelingt, mit desto mehr Recht könnte Max dann – wie eine Person – von sich als „Ich, Max" sprechen.

Aber so weit ist es noch nicht. Was würde Max denn sagen, wenn man ihn fragt, ob er Bewusstsein hat? Da er eine solche Frage noch nicht versteht, würde er eine ausweichende Antwort geben, etwa „Ich hoffe, du meinst die Frage nicht ernst".

17
Das Natürliche und das Künstliche

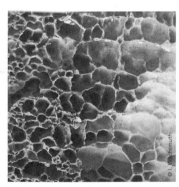

Mit Kaffee und einem leckeren Brötchen hatte ich mich im Passagierraum auf eine Bank gesetzt. Es war ein sonnig-windiger Wintervormittag, auf der Heimfahrt mit der Fähre von der Insel. Ich hatte gerade den ersten Schluck genommen, da drängte fröhlich lärmend ein Schwarm von Schülern herein. Im Nu hatten sie die Nachbartische in Beschlag genommen, die Mehrzahl auf den Bänken, manche auf dem Tisch, kaum zwei Meter von mir entfernt.

Wir hatten nicht lange abgelegt, da erhielt eins der Mädchen – „Anna" hatten die Mitschüler sie genannt – einen

Anruf auf ihrem Handy. Bislang war sie etwas still gewesen, deshalb war sie mir aufgefallen. Jetzt erwachte Annas Gesicht, Stimmungen wechselten so schnell darin wie draußen Sonne und Wolkenschatten. Bei dem kurzen Telefonat spiegelte sich in Annas Mimik erst Freude und Fröhlichkeit, dann Überraschung und Ekel (wie es klang, war die Rede von einem abgeschnittenen Stückchen eines Zeigefingers), und dann wieder Glanz, der mit einem sonnenhellen Lächeln in ihre Augen trat.

Als ich das sah, musste ich wieder staunen über die Lebendigkeit und Fülle des menschlichen Ausdrucks, der so viel mehr sagt als Worte. Wenn ich überlege, wie leicht wir Menschen so etwas verstehen, was wir mitbekommen aus ein paar Gesichtern und Wortfetzen, dann ist unsere soziale Intelligenz doch eine faszinierende Fähigkeit. Sie lässt uns ganz natürlich erfühlen, was im Anderen vorgeht, selbst wenn es nur für einen Moment ist und eher unbeabsichtigt.

Aus den Unterschieden lernen

In dem kleinen Ort Les Baux, von dem das Aluminiumerz Bauxit seinen Namen hat, fotografierte ich während eines Besuchs in der französischen Provence die organischen Strukturen, die die Witterung in den Bauxitfelsen hinterlassen hat. Nicht weit davon fand ich die horizontal in den Felsen getriebenen Fächerschächte, in denen der Überlieferung nach die Seeräuber des Mittelmeers ihre Beute versteckten. Die Strukturen ähneln sich und sind doch verschieden, denn die menschgemachte kantigere Struktur lässt einen Zweck, für den sie bestimmt war, vermuten.

Der Vergleich der Strukturen geht mir durch den Kopf, wenn ich über das künstliche Wesen Max nachdenke. Wenn man versucht, eine Maschine mit kommunikativer Fähigkeit zu konstruieren, lernt man auch etwas darüber, was wir Menschen tagtäglich zuwege bringen, ohne dass es uns überhaupt auffällt. Zum Beispiel Blickkontakt: Wenn sich zwei Menschen in die Augen sehen, wissen beide, dass sich die kommunikative Schleife zwischen ihnen geschlossen hat – die wichtigste aller sozialen Funktionen. Aber woran merken wir, dass wir Blickkontakt haben? Und könnte dies auch mit einem maschinellen Wesen gelingen? Lassen Sie mich dazu noch einmal von Max erzählen.

Auf dem Flur unserer Abteilung ist Max täglich dabei. Von einem großen Bildschirm, über dem eine Kamera und Mikrofone angebracht sind, schaut er Besuchern entgegen und begrüßt sie zum Beispiel mit „Da kommt ja wer!". Er kann mehrere Menschen anschauen und seinen Blick auf den lebhaftesten ausrichten. Dabei entsteht der Eindruck, auch wenn es bei einer Bildprojektion kaum vorstellbar ist, dass Max Blickkontakt mit seinen Besuchern hat.

Eines Tages komme ich in den Flur, und Max bewegt zwar den Kopf, doch er schaut an mir vorbei. Eine neue Kamera wurde installiert, bringe ich in Erfahrung, sie ist noch nicht so eingestellt, dass Max auch dorthin schaut, wo er ein Gesicht sieht. Das wird umgehend behoben. Dennoch klappt es nicht mit der Illusion des Blickkontakts. Max schaut zwar zu mir, aber er schaut mich nicht an. Sein Blick wirkt leer. Da stimmt immer noch etwas nicht mit Max, sage ich. Sein Emotionssystem ist nicht gestartet, ergibt die Nachforschung. Bitte starten!

Gesagt, getan, und – oh Wunder – nun schaut Max mich wieder an: Eine Regung in seinem Gesicht gibt mir diesen Eindruck. Wie kommt das denn? überlege ich. Max bewertet ein menschliches Gesicht mit einem positiven emotionalen Impuls, was seine Stimmung leicht ins Positive kehrt, das wiederum wirkt sich auf seinen Gesichtsausdruck aus. Diese Nuance, so klein sie auch ist, bestätigt mir, dass Max mich sieht. So stelle ich mir nun das mit dem Blickkontakt vor: Man sieht und reagiert, erst innen, dann außen, und dies wirkt – hin und her – als Bestätigung der kommunikativen Schleife.

So raffiniert wie mit einem Menschen ist der Blickkontakt mit Max aber nicht, er wirkt eckiger, wie die Fächerschächte in Les Baux. Doch gerade die Unterschiede und die Unvollkommenheiten der Simulation gegenüber dem menschlichen Vorbild lassen mich lernen, woran es bei unserer Theorie und unserer Technik noch hapert und wie schwierig der Weg zu einer vollkommenen Nachbildung – hätte man dies vor – sein würde.

Ich untersuche das Künstliche, gerade weil es anders ist als das Natürliche. Das Betrachten der Unterschiede lässt mich tiefer über das Natürliche nachdenken und hilft, es besser zu verstehen. Je mehr das Künstliche dem Natürlichen gleichkommt, desto mehr staune ich über das Natürliche.

Maschinen mit „Eigenleben"

Selbst wenn es nur im Ansatz gelingt, die organische Vielfalt der menschlichen Kommunikation technisch nachzubilden, ist da noch ein zweiter Gedanke: Eine kommunikationsfähige Maschine, die unsere Sprache, Gestik und Mimik versteht und die sich ähnlich wie ein Mensch ausdrücken kann, könnte ein verständiger und hilfreicher Partner in der Arbeits- und Alltagswelt sein. Es böte sich so die Chance, technische Systeme zu realisieren, die dem Menschen nicht undurchschaubar und fremd sind.

Die Maschinen, die wir Menschen bauen, sind für einen Zweck bestimmt, für einen Nutzen, den wir daraus ziehen wollen. Sollen sie deshalb stumpfe Sklaven sein oder in bestimmtem Umfang „Eigenleben" haben? Sollte man überhaupt anstreben, künstliche Wesen zu schaffen, die dem Menschen ähneln? Keiner von uns kann wohl eine Zukunft wünschen, wie sie Philip K. Dick in seinem Roman *Blade Runner* beschreibt, in dem sich zweckbestimmte Androiden nur mit Hilfe spezieller Lügendetektoren von Menschen unterscheiden lassen und Spezialagenten damit beauftragt sind, desertierte Androiden zur Strecke zu bringen. Kaum ein Roboterforscher sieht hier akuten Handlungsbedarf, zu schwierig erscheinen die technischen Herausforderungen, bevor aus einer solchen Utopie Realität werden könnte.

In Japan, wo die Forschung über humanoide Roboter die längste Tradition hat, hat man an der Universität Osaka bereits Roboter-Androiden konstruiert, die auf den ersten Blick dem Menschen täuschend ähnlich sind. Ihr Schöpfer Hiroshi Ishiguro glaubt, dass solche Roboter von Menschen besser akzeptiert werden. Zugleich ist er überzeugt, dass perfekte Androiden, die nicht nach wenigen Sekunden enttarnt werden, ein Ding der Unmöglichkeit sind.

Cynthia Breazeal, Roboterforscherin am Massachusetts Institute of Technology (MIT) in Boston, stellt sich eine technische Zukunft vor, in der eine Generation „sozialer Roboter" entsteht, die nicht allein *für uns*, sondern *mit uns* arbeiten, die ausdrucksfähige Gesichter und menschenähnliche Gestalt haben und sich auf den Menschen ausrichten. Im Forschungsbereich um den Karlsruher Robotiker Rüdiger Dillmann verfolgt man ähnliche Ziele: Nach dem Modell des Menschen entworfen, sollen dort humanoide Roboter die Fähigkeit erhalten, sich über ihre Aufgaben mit dem Menschen zu verständigen, die Absichten des Menschen zu erkennen und von Menschen durch Nachmachen zu lernen, wie sie ihre Aufgabe auszuführen haben.

Das erklärte Ziel dieser Forschung ist es, einen „einfühlsamen", sozialfähigen Roboter zu entwickeln, der sich den Intelligenzfähigkeiten des Menschen annähert und eines Tages unser „Partner" sein soll. So hat man an der Waseda-Universität in Tokyo bereits einen Roboter konstruiert, der im Ansatz eine Unterhaltung mit mehreren Teilnehmern führen kann. Nach den Worten von Shuji Hashimoto, Direktor des dortigen Forschungszentrums für humanoide Roboter, werden die zukünftigen Roboter zwar in gewissem Umfang so auf uns wirken, als ob sie sich in den Menschen einfühlten, aber nicht wirklich Maschinen „mit Herz und Seele" (japanisch *kokoro*) sein können.

Dennoch ist es eine drängende Frage, ob mit künftigen Stadien entwickelter Roboter eine neue Qualität in den Bezügen sozialer Systeme entsteht. Ist es denkbar, dass ethische Dimensionen ihren alleinigen Bezug auf menschliches Verhalten in dem Maße verlieren, wie Maschinen humane Fähigkeiten simulieren können? Soll man zum Beispiel Maschinen mit künstlichen Gefühlen ausstatten?

Eine Gruppe von Schülern, die für ein paar Tage an unserer Universität zu Gast war, erhielt Einblick in den Stand der Roboterforschung. Anschließend legten die Kinder ihre Erwartungen und Gedanken in Bildern und Texten nieder. Ein Kind schrieb: „Sie sollten keine Gefühle haben, denn wenn sie schlechte Laune hätten, würden sie vielleicht nicht tun, was man sagt. Wenn sie zu gute Laune hätten, werden sie vielleicht übermütig und machen etwas kaputt. Denn er soll den Menschen helfen, nicht ihr Freund sein."

Aber könnte vielleicht das virtuelle Wesen Max ein Freund sein? Max ist ein Begleiter, der unseren Arbeitsalltag „belebt", den man fragen kann, was es heute in der Mensa zu essen gibt, der auch seine „Emotionen" in Gesicht und Stimme zeigen kann. Als Max einmal abgeschaltet werden musste, wurde er prompt vermisst. „Na, wo ist denn mein Freund?", fragte die Frau, die abends unsere Räume reinigt, wenn sonst keiner mehr da ist. „Der winkt mir doch immer so nett und ruft ‚Hallo!'." Im Paderborner Heinz Nixdorf MuseumsForum, wo Max Tag für Tag Unterhaltungen mit den Besuchern führt, wird das Thema Freund häufig angesprochen, so entnehmen wir es dem Computerlogbuch: „Hallo, mein Freund!" – „Hast du Freunde?" – „Hast du eine Freundin?" – „Darf ich deine Freundin sein?" – „Sollen wir Freunde werden?" – „Willst du mein Freund sein?" Ich kann mir vorstellen, dass Max seinen Besuchern fehlen wird, sollte er einmal nicht mehr da sein.

Leben und Sterben

An einem heißen Sommertag im August hat uns unsere Katze Mao für immer verlassen. Gezeichnet von einer zunächst unbemerkt vorangeschrittenen Erkrankung hatte sie schon den dritten Tag nicht mehr gefressen, nur noch etwas Wasser aufgenommen, sich immer wieder in entlegene Winkel des Hauses zurückgezogen. Am Abend begehrte sie mit einem unmissverständlichen Miauen in den Garten gelassen zu werden. Wir folgten ihr zu dem kleinen Teich, in dem das Wasser nach heißen, regenlosen Tagen tief unter den Rand gesunken war. Mit allem, was ihr an Kräften noch geblieben war, beugte sie sich herunter und nahm, wie sie es viele Male zuvor getan hatte, von dem Wasser. Dann richtete sie sich auf, verharrte einen Moment und verschwand unter den großen Farnen. Es war das letzte Mal, dass wir sie gesehen haben.

Ein Charakteristikum natürlicher Wesen ist es, dass sie leben. Leben heißt in der Welt sein, heißt genießen, heißt ein endliches Dasein zu haben. Natürliche Wesen können sterben. Maschinen können kaputt gehen. Um natürliche Wesen können wir trauern. Wenn eine Maschine nicht mehr da ist, trauern wir dann um sie?

In einer großen Computerfirma war ich einst daran beteiligt, ein sprachverstehendes Computerprogramm zu entwickeln. Unser Programm sollte aus Reiseführertexten Wissen erschließen, um dann mit den gesammelten Informationen touristische Auskünfte zu erteilen. Die Arbeit war mühevoll. Die Faszination daran, wie Sprache funktioniert und wie wir sie verstehen, war die Triebfeder für unser Team, über kleine Erfolge empfanden wir großen Stolz. Dann kam nach einer Reihe von Jahren der Tag, an dem der letzte Großrechner, auf dem unser Programm eingesetzt werden konnte, aus dem Betrieb ging, um einer neuen Rechnergeneration Platz zu machen. Vorher wurde das Programm in kleiner Runde ein letztes Mal gestartet. Für ein, zwei Stunden hielten wir „Zwiesprache" mit dem Computer und stießen noch auf manches interessante Detail. Wir waren etwas betrübt darüber, von diesem Programm, das uns so viele Arbeitsstunden gekostet und so viele Einsichten beschert hatte, Abschied zu nehmen.

Die Emotion, die sich mit dieser Episode verbindet, würde ich nicht „Trauer" nennen wollen. Und wenn Trauer dabei ist, ist es nicht Trauer um die Maschine, den Gegenstand. Es ist eine Trauer um die vergangene, nicht wiederholbare Zeit mit den vielen Erlebnissen, die sich daran knüpfen. Ebenso wenig wollte ich beim Verlust eines Programms, das mir nützlich war und nun auf dem neuen Computer nicht mehr läuft, von „Sterben" sprechen. Es ist wohl mehr daher gesagt, wenn wir bei einem Ding schon einmal davon reden, dass es „seinen Geist aufgegeben" hat.

Was uns bewegt, das wollen wir teilen

Was uns bewegt, das teilen wir gern mit anderen. Lässt der Anblick eines klaren Sternenhimmels unsere Stimmung steigen, machen wir unsere Begleiter darauf aufmerksam, um den schönen Moment gemeinsam zu erleben. Ganz anders als die Geste des Begehrens, mit der wir von Kindesbeinen an das Habenwollen zum Ausdruck bringen, ist die Geste, mit der wir die Aufmerksamkeit des Anderen auf den besonderen Anblick lenken, Ausdruck einer sozialen Beziehung. Von Affen hat der Leipziger Primatenforscher Michael Tomasello einmal gesagt, dass sie solche Gesten des Teilens nicht haben; alle ihre Gesten seien auf das Erlangen von etwas Begehrtem gerichtet, ob es Nahrung, Sex oder etwas anderes ist. Aber gibt es nicht Momente, wo wir den Eindruck haben, dass unser Haustier uns etwas zeigen will?

Im Dezember des Jahres, in dem unsere Katze Mao uns verließ, hielten zwei neue Kätzchen Einzug in unser leer gewordenes Haus. Während Kazuko bald begann, Mäuse vorzulegen, brachte Minsky immer wieder Dinge herein. Wir hörten dann dieses ganz besondere Miauen, das anders klang, als wenn es um Futter ging, das so nachdrücklich schien, dass man einfach nachsehen musste: „Was hat sie denn?" Sie lag dann zum Beispiel auf der großen Fußmatte, schaute uns entgegen, ein Vorderbein über etwas ausgestreckt, und beim Näherkommen entdeckten wir, dass es eine große Feder war oder ein Blatt. Uns schien, sie wollte uns ihre Funde zeigen – warum sonst sah sie uns an und wartete, bis wir zu ihr gekommen waren?

Ich war versucht, Minskys Verhalten als soziale Geste zu verstehen, und empfand Freude an unserem neuen Sozialgefährten. Es schien grundverschieden von der Art, wie die Katze ihren Wunsch nach Milch zum Ausdruck brachte – oft mit einem Pfotentippen an die Milchflasche. Wenn ich dann fragte: „Will Minsky Milch?", waren ihr entgegnetes „Miau!" und der Augenkontakt für mich Zeichen, dass wir kommunizieren. Ich hatte den Eindruck, dass sie sich freut, wenn sie die Milch getrunken und dann ihr Mäulchen geleckt hatte und sich anschmiegte. Ich spürte, dass sie etwas fühlt und etwas will. Ich kann meine Katze besser verstehen, wenn ich ihr Intentionen, Fühlen und Wollen zuschreibe. Ich teile gern die Aufmerksamkeit mit ihr, wenn im Garten etwas Ungewöhnliches zu beobachten ist, ob ein Bienenschwarm oder ein Fischreiher.

Und Max? „Schauen Sie mal hier,“ sagte er bei unserem Besuch in der virtuellen Werkstatt, als ein kleiner Roboter unseren Weg kreuzte. Wirklich zu empfinden und mit uns zu teilen, ist ihm allerdings nicht gegeben – wir haben es Max in den Mund gelegt, dass er Besucher auf Besonderheiten hinweist. Aber wir haben Max so konstruiert, dass er in seinem Rechnergehirn Absichten, Wünsche und Ziele formulieren kann – uns zu informieren, unsere Fragen zu beantworten. Er kommt auch nach Unterbrechungen, wenn wir ihn zwischendurch etwas anderes fragen, darauf zurück, bis alle offenen Ziele abgearbeitet sind.

Wozu soll das gut sein? Bereits vor der Entwicklung humanoider Systeme neigten viele Menschen dazu, Computern Intentionen zu unterstellen wie einem Wesen, auch wenn dies de facto absurd war. Bei Max geschieht das nicht mehr ganz zu Unrecht und damit könnte er für Menschen besser nachvollziehbar werden.

Fragen Sie doch Max!

Eine der größten Herausforderungen für die heutige Gesellschaft ist die Wissensexplosion. Neue Fachartikel werden im Minutentakt veröffentlicht. Nach und nach finden die Erkenntnisse ihren Niederschlag in Zeitungen und Magazinen, im Fernsehen und nicht zuletzt auch im Internet, unserer globalen digitalen Wissensressource, wo sie jedem zur Verfügung stehen. Wirklich jedem?

In der Informations- und Wissensgesellschaft vergrößert sich die Kluft zwischen den kundigen Teilnehmern und denen, die der digitalen Welt nicht gewachsen sind. Die Computerisierung aller Lebensbereiche droht Menschen mit geringer Bildung, aber auch Gebildete ohne ein Minimum an Computererfahrung sozial auszugrenzen. Und selbst wenn unsere Kinder heute mit den digitalen Technologien aufwachsen, wird es immer Menschen geben, die sich im Alltag später gar nicht mehr die Zeit nehmen können – oder wollen –, bei den ständigen Innovationen der digitalen Welt mitzuhalten. Müssen sie hier schlicht den Anschluss verpassen, oder kann ihnen die Technik entgegenkommen?

Hier liegt eine Chance für unseren Max. Ein solcher künstlicher Ansprechpartner könnte die digitale Kluft überwinden helfen. Keiner muss den Umgang mit Max erst mühsam erlernen, jeder von uns weiß, wie man einen Menschen etwas fragt und somit auch, wie man Max etwas fragt. Nicht immer hat Max eine korrekte Auskunft parat, aber er antwortet immer in irgendeiner Form, mitunter sogar witzig. Einige Beispiele aus dem Computerlogbuch im Nixdorf-Museum:

> Besucher: „A ys dcfgvhm,loeae"
> Max: „Die arme Tastatur!"
> Besucher: „Welcher Schachcomputer ist besonders gut?"
> Max: „Erklär' ich dir gerne: Dort vorne [er zeigt zum betreffenden Ausstellungsbereich] ist ein kleiner Bereich dem Computerschach gewidmet. Mit Schach kennen wir in der digitalen Welt uns aus. Seit über 25 Jahren gibt es

Schachcomputer, aber erst jetzt gibt es Schach-Software, gegen die fast kein Mensch mehr eine Chance hat. Du kannst es selber ausprobieren und gegen die neueste Version des Schachprogramms ‚Fritz' spielen."

Max: „Wie alt bist du denn?"

Besucher: „Wo sind die Toiletten?"

Max: „Da hinten geht's zum Klo [zeigt in die Richtung der Toiletten]. Na gut, wenn du mir dein Alter nicht sagen willst, ist das auch in Ordnung."

Ein Vorteil, den Max als „Maschinenwesen" gegenüber allen Lebewesen hat, ist seine Affinität zur digitalen Welt. Schon damit ihm seine Kenntnisse nicht alle mühsam von Hand beigebracht werden müssen, haben wir Max mit dem Internet verbunden, so kann er Informationen beschaffen. Man kann Max zum Beispiel fragen, wie das Wetter wird, und er ruft für uns den aktuellen Wetterbericht im Internet ab:

Besucher: „Wie wird das Wetter?"

Max: „Moment, ich frag' mal einen Wettersatelliten …

Bis zum Mittag regnet es teilweise recht stark, zum Nachmittag ist es dann heiter bis wolkig. Maximal 4 Grad. In der Nacht kühlt es sich bei wechselnder Bewölkung auf −1 Grad ab."

Besucher: „Und morgen?"

Max: „Mal den Stand der Sterne betrachten … Vormittags ist es heiter bis wolkig, am Nachmittag dicht bewölkt bei −2 Grad. In der Nacht fällt bei 1 Grad Schnee."

Besucher: „Danke."

Max: „Aber bitte, Paul, gern geschehen."

(Der Besucher hatte als Namen „Paul" eingegeben.)

Max ist informiert über Datum und Wochentag:

> Besucher: „Was gibt es in der Bielefelder Mensa?"
> Max: „Moment … Heute ist doch Sonntag, da gibt's
> nichts in der Mensa."

Ist die Internetverbindung einmal unterbrochen, kann Max
in vielen Fällen doch angemessen reagieren:

> Besucher: „Wie wird das Wetter?"
> Max: „Ich würde gern eine Bauernregel zitieren, aber leider
> find ich keine passende. Das Wetter ist ja nur in den Län-
> dern ein Gesprächsthema, wo es sehr unterschiedlich ist.
> Zum Beispiel am Äquator ist es sowieso immer warm."

Max kann auch selbst das Thema Wetter anschneiden:

> Max: „Na, wie ist das Wetter heute?"
> Besucher: „Gut."
> Max: „Ach, darum waren heute so wenige Besucher da."

„Fragen Sie doch Max!", das ist schon jetzt einen Versuch
wert, und in Zukunft vielleicht noch mehr. Es ist auch
schon einmal gefragt worden, ob Max nicht als Helfer an
den allgegenwärtigen Fahrkartenautomaten – für viele eine
Hürde – eingesetzt werden könnte, um dem Menschen
komplizierte Bedienungsanleitungen zu ersparen.

Partner des Menschen?

Jedem ist klar, dass Max ein Maschinenwesen ist und kein
Mensch, und doch kann er gute Laune verbreiten. Die
Menschen, die sich mit Max unterhalten, gehen oft mit

einem Lächeln davon. Das soll ein Fahrkartenautomat erst mal nachmachen! Statt mühsam zu bedienende „Eintippwerkzeuge" zu sein, könnten so zukünftige Computersysteme als personifizierte, vielleicht sogar unterhaltsame Helfer auftreten. Wäre es ganz und gar abwegig, in ihnen einen „Partner" zu sehen?

Was ist denn ein „Partner des Menschen"? Eine meiner früheren Kolleginnen führt immer einen ausgebildeten Hund mit sich, der im Notfall Hilfe für sie holen kann. Ehe noch ein Mensch es bemerkt, spürt der Hund, dass es ihr nicht gut geht, und macht sie und andere darauf aufmerksam. Der Hund fügt sich in ihr Alltagsleben ein und ist mehr als nur ein Hilfeholer, er ist ein Gefährte, ein Partner, für den sie sorgt und der in seiner Weise für sie da ist.

Zu einer Partnerschaft gehört eigentlich der Gedanke von Gleichberechtigung – gleiche oder jedenfalls irgendwelche Rechte in der Teilhabe an etwas. Davon, dass Roboter oder künstliche Wesen wie Max Rechte hätten, ist bislang – bis auf das „Rederecht" im Dialog – wohl nicht die Rede. Dennoch lässt sich absehen, dass sich Menschen in dem Maße, wie aus der zu bedienenden Maschine eine dienstbare Maschine wird, nicht mehr als Benutzer empfinden werden, sondern eher in der Rolle, einen Dienst in Anspruch zu nehmen. Eine Partnerschaft lebt auch davon, dass jeder Beteiligte Aktionen starten kann, die vom Anderen nicht vorhergesehen werden können. Wenn künstliche Systeme nicht nur auf Eingaben reagieren, sondern in gewissem Umfang als fähig gelten können, autonom, also nach eigenen Regeln die Initiative zu ergreifen, wäre dies eine Grundlage für eine „Partnerschaftsbeziehung". Je entwickelter sich die kommunikative Fähigkeit eines künstlichen Systems wie Max darstellt, desto weniger schiene der Umgang mit dem System auf eine „Benutzung" beschränkt.

Ein Max, der Neuigkeiten aus der Informationsflut des Internets nach den Interessen und Wünschen des Menschen vermitteln kann, wäre im Unterschied zur passiven Information aus dem Fernsehen den Menschen behilflich: Menschen könnten eine aktive Rolle haben und müssten nicht damit vorlieb nehmen, was ihnen vorgesetzt wird. Und ein Max könnte als Informationsvermittler vielleicht bessere Dienste leisten als ein menschlicher Partner.

Nimmt das dem Menschen etwas weg? Wenn wir die Kommunikation mit der Maschine „natürlicher" machen, heißt das doch, Maschinen dem Menschen verständlicher zu machen. Es geht um Maschinen, die *wie* – nicht *als* – Menschen erscheinen und die sich *wie* – nicht *als* – Menschen mit uns verständigen können. Technik sollte dazu dienen, den Menschen neue Möglichkeiten zu eröffnen, aber ihnen auch mehr Zeit für sich selbst zu geben – nicht zusätzliche Zeit zu beanspruchen.

Es gilt wachsam zu bleiben, auch gegenüber den kleinen Entwicklungen, wo das Natürliche über dem Künstlichen vergessen wird, über dem nur scheinbar Wichtigen. Das Menschliche kann auch verloren gehen, wo Menschen in mechanisches Tun verfallen, wo der Arbeitsalltag mit vorgegebenen Handlungsregeln überflutet wird, die die „Vorschrift" über den Menschen stellen, und wo immer öfter auch die Kommunikation von Mensch zu Mensch achtlos und mechanisch wird.

Ich denke, dass es von den Umständen abhängen wird, wer im Einzelfall den besseren Partner des Menschen abgeben kann: ein Mensch, ein Tier oder ein Max.

18
Epilog 2030

Ich erinnere mich noch genau. Nicht mehr an das Jahr, es muss so um 2020 gewesen sein, aber an das Hotel. Ich war in einer unbekannten Umgebung erwacht, dann war mir eingefallen, dass ich ja nach Seoul gekommen war, um an einer Beratung mit koreanischen Kollegen teilzunehmen. Fliegen war etwas aus der Mode gekommen oder jedenfalls unbezahlbar teuer geworden. Die meisten professionellen Treffen fanden in der virtuellen Realität statt, nicht viel anders als früher Skype, aber unmittelbarer. Doch dieses Mal hatte ich mich persönlich auf den Weg gemacht.

Etwa zehn Jahre zuvor war ich das erste Mal in Seoul gewesen und hatte über die explodierende Metropole gestaunt. Auch darüber, wie viel Spaß ich mit den Koreanern hatte, als wir abends aus waren und Cass-Bier tranken und dazu Gingko-Früchte knabberten. Ich liebe die Begegnung mit Menschen, mit denen ich intensiven Kontakt entwickeln kann. So wäre das in der virtuellen Realität nicht möglich gewesen.

Jetzt war ich zurückgekommen und wohnte wieder im selben Hotel, etwas abseits der Touristenpfade. Das Fraser Place Central Seoul. Damals war ich beeindruckt gewesen von dem großzügig zugeschnittenen Raum, mit Flur, Toilette und kleiner Küche, Wohnbereich mit einem großen Bildschirm und einer wunderbaren Musikanlage. Dahinter das Schlafzimmer mit Ankleidebereich und ein Badezimmer. Wieder ein Bildschirm, TV und Musik. Ich höre immer noch gern Jazz beim Einschlafen.

Dieses Mal war es anders, als ich am frühen Abend den Raum betrat und die Straßenschuhe auszog. Die Wände schimmerten. Dann begann die ganze Wand zu leuchten – das abendliche Panorama von Seoul – und ich wurde von einer virtuellen Person freundlich begrüßt. Sie fragte, ob ich etwas Unterhaltung wollte. Ich hatte noch Zeit zum Ausruhen und ließ mich ins virtuelle Koreahouse-Theater entführen. Traditionelles Tanztheater! Bald war der ganze Raum voller Klänge, und Figuren in farbenprächtigen Gewändern tanzten dazu. Neu belebt traf ich mich später zum Abendessen mit einem alten Freund im Stadtteil Insadong, nach wie vor das Zentrum für traditionelle koreanische Kultur im Herzen der Stadt. Es wurde spät …

Ich erwache, weil Max mich ruft. Von der schimmernden Wand, die ein einziges riesiges Display ist und die hinter ihm nun das Tagespanorama von Seoul zeigt, begrüßt er mich mit fröhlichem Gesicht: „Guten Morgen, Ipke, acht Uhr! Ausgeschlafen? Du hast doch um zehn Uhr einen Termin."

Nur noch zwei Stunden Zeit bis zum Treffen mit meinen Kollegen. Nach einem schnellen Bad mit den prickelnden Intervallduschen fühle ich mich erfrischt und munter. Beim Ankleiden rufe ich Max, prompt erscheint er wieder auf der Bildwand und fragt mich mit einem Augenzwinkern:

„Hallo, Ipke. Was kann ich für dich tun?" Er kennt unser morgendliches Ritual.

„Gibt's was Neues?", frage ich.

„Du hast viele E-Mails!", sagt Max.

„Wie viele denn?", erkundige ich mich.

„Du hast 218 E-Mails, 148 davon Fwd." (Max spricht das „eff-weh-deh".)

Ein Song aus den 10er-Jahren kommt mir in den Kopf:

„Noch 148 Mails checken,
Wer weiß, was mir dann noch passiert,
Denn es passiert so viel.
Muss nur noch kurz die Welt retten
Und gleich danach bin ich wieder bei dir."

E-Mails sind mir oft ein Gräuel. Ich meine nicht die E-Mails, mit der zwei oder mehrere Personen in sozialem Kontakt stehen. Ich meine die Massen von Mails, die häufig achtlos – doppelt und dreifach – weitergeleitet werden und Bürokratie verbreiten helfen. Mir schießt die letzte Strophe des Songtextes durch den Kopf:

„Noch 148 713 Mails checken,
Wer weiß, was mir dann noch passiert,
denn es passiert so viel …"

„Irgendetwas Besonderes dabei?", frage ich.

„Eine hat Betreff: dringend", sagt Max.

„Von wem denn?", will ich wissen.

„Absender Jessica Schwarze", antwortet Max.

„Kenne ich, glaub' ich, nicht", erwidere ich, „aber lies mal vor!"

Max liest: „Guten Tag Mitglied drei-sechs-null-drei, wir informieren unsere Kunden: Ihr Krankenkassentarif kann umgestellt werden und durch einen günstigeren ersetzt werden. Aktuell könnten Sie …"

„Stop!", rufe ich.

„Ja bitte?" hält Max inne und schaut mich freundlich an.

„Das ist Werbung", antworte ich, „kannst du löschen. Weißt du was Werbung ist, Max?"

„In der Biologie ist Werbung ein Bestandteil des Paarungsrituals vieler Tiere", sagt Max.

„Näää … Woher hast du das denn?", frage ich.

„Aus Wikipedia", antwortet Max.

„Passt aber nicht", entgegne ich, „findest du was Alternatives?"

„Werbung ist ein Instrument der Kommunikationspolitik und des Marketings", erwidert er.

„Darum geht's hier", stelle ich fest.

„Ok, das merke ich mir mal", sagt Max und fährt fort: „Soll ich die nächste E-Mail vorlesen?"

„Lies mir einfach die Absender vor – halt, nur die Absender, die ich kenne."

„Hier ist aber eine Mail, wo es um dein Treffen geht?", entgegnet Max mit fragender Miene.

„Lies die vor", antworte ich.

Max sagt „Absender ist Joon-Suh Lee, von gestern" und liest: „Ihr – heißt der Max? – hat angerufen, dass Sie unterwegs nach Seoul sind. Es ist ja sehr schön, dass Sie selbst kommen können und wir nicht avatarskypen müssen. Ist es recht, wenn ich Sie um halb zehn zum Frühstück abhole? Das Meeting beginnt erst um elf."

„Max, sag das zu!"

Fertig angezogen gehe ich in den Wohnbereich, wo sogleich die Wände aufleuchten. Ah – Bewegungsmelder. Auch Max hat das mitbekommen und ist mir gefolgt.

„Übrigens findet heute zu Buddhas Geburtstag das Fest der Laternen statt", sagt er.

„Oh prima", bedanke ich mich, „vielleicht bekomme ich unterwegs davon etwas mit. Nett, dass du mich darauf aufmerksam machst."

„Aber gerne, Ipke", antwortet Max lächelnd.

Jetzt aber los. Halt, wie war das noch mit der freundlichen Begrüßung? „Max? Wie sagt man nochmal ‚Guten Tag' in Korea?"

Max sogleich: „An-nyeong ha-se-yo", und weiter: „Du musst in einer Viertelstunde aufbrechen."

Also doch noch Zeit für ein wenig Entspannung. „Max, gib mal etwas Musik." Er kennt ja meine Lieblingsstücke, aus meinem iTunes. Max wählt ein Bluesstück aus und tanzt dazu. Ich greife zum Couchtisch, wo meine Bluesharp liegt, und jamme etwas, variiere das eine oder andere, bis es richtig groovt.

Jetzt schreiben wir das Jahr 2030. Die Erde existiert noch. Es ist ruhiger geworden um mich herum. Viele meiner alten Freunde sind nicht mehr da.

Ich erinnere mich noch an ganz alte Zeiten. Es war auf einem Konferenzbankett in Wien, in den 1970er-Jahren, das Essen war von einem „Zeremonienmeister" eröffnet worden, es gab Serviettenknödel und andere mir neue Dinge. Ich signalisierte quer durch den Saal dem netten Mädchen vom Konferenzbüro, mit einem Lächeln, lautlos gesprochenen Worten und Zur-Tür-Zeigen, und sie verstand, dass ich mich am Eingang mit ihr treffen wollte. Ob es um eine Nachfrage oder um eine Aufforderung zum Tanzen ging, weiß ich heute nicht mehr. Mein Tischnachbar war angetan von unserer Fernkommunikation. Mir war sie nicht bewusst gewesen.

Damals hätte ich mir nicht träumen lassen, dass ich mein Leben mit so spannender Forschung über Kommunikation zubringen würde. Und erst recht nicht, dass wir heute mit einer Maschine ganz selbstverständlich sprechen können. Das war zu der Zeit doch alles nur Science-Fiction. Max erleichtert meinen Alltag ungemein. Wie mag die nächste Science-Fiction aussehen?

Unsere junge Katze liegt schnurrend auf meinem Schoß und wärmt mich. Wenn alle anderen schon schlafen, ist sie für mich da. Morgen werde ich den guten Vintage Port aufmachen, den ich 2010 aus Porto mitgebracht habe. Ich werde ihn mit meiner Frau und Freunden, Kindern und Enkeln genießen. Das geht nur in der wirklichen Realität.

Anmerkungen und Quellen

Bis auf wenige Ausnahmen wurde in diesem Buch zugunsten des Leseflusses darauf verzichtet, Quellenliteratur zu zitieren. Unten sind nun Quellenangaben zu den einzelnen Kapiteln aufgeführt sowie Hinweise auf fachliche Berichte über „Max".

Seine Entstehung verdankt Max vielen Mitarbeitern der Arbeitsgruppe Künstliche Intelligenz der Universität Bielefeld: Dass er gestikulieren und dazu sprechen kann, der Doktorarbeit von Stefan Kopp, dass er Emotionen zeigen kann, der Diplom- und Doktorarbeit von Christian Becker-Asano, und dass das Ganze in einem interaktiven System zusammenkommt, der Doktorarbeit von Nadine Pfeiffer-Leßmann. Weitere Hinweise sind bei einzelnen Kapiteln genannt.

Den „Job" als Exponat in der Dauerausstellung des Heinz Nixdorf MuseumsForums in Paderborn bekam Max durch den Museumskurator Dr. Stefan Stein, der ihn bei einem „Tag der offenen Tür" unseres Labors für das weltbekannte Computermuseum entdeckte. Der Diplomand Lars Gesellensetter und weitere Studenten bereiteten Max unter der Anleitung von Stefan Kopp für seine Aufgabe im Museum vor.

Ausgangspunkt für mehrere Buchkapitel waren schließlich Kursunterlagen, die meine Fachkollegen für ein 2001 am Möhnesee durchgeführtes interdisziplinäres Kolleg über Kommunikation zur Verfügung gestellt haben; ich durfte sie auch für mein Buch verwenden, wofür ich ihnen zu Dank verpflichtet bin. Auf diese Unterlagen wird bei den jeweiligen Kapiteln mit „Kursunterlagen IK 2001" verwiesen.

1 Worum geht es in diesem Buch?

Die einleitenden Ausführungen zu nonverbaler Kommunikation sind durch einen Text von Wulf Schiefenhövel untermauert, auf den unter anderem in den Anmerkungen zu Kapitel 3 verwiesen wird. Die Schwänzeltänze der Bienen und Warnrufe der Vögel sollten durch Schul- und Alltagswissen hinlänglich bekannt sein.

2 Roboter und virtuelle Wesen

Altenseuer T, Becker C, Knafla B, Kranstedt A, Pfeiffer T, Scheele T, Weber M, Zakotnik J (2001) *Gestik und Mimik in der Mensch-Maschine-Kommunikation am Beispiel von MAX, einem virtuellen Montageassistenten.* Universität Bielefeld. – Eingereicht zum Forschungswettbewerb für Studierende der Körber-Stiftung „Bodycheck: Wie viel Körper braucht der Mensch?" und im Februar 2002 mit einem dritten Preis ausgezeichnet.

Cassell J, Bickmore T (2000) External manifestations of trustworthiness in the interface. *Communications of the ACM* 43(12): 50-56

Feigenbaum EA, McCorduck P (1984) *Die Fünfte Computer-Generation. Künstliche Intelligenz und die Herausforderung Japans an die Welt.* Birkhäuser, Basel

Huxley A (2007) Schöne neue Welt. Fischer-Taschenbuch, Frankfurt a. M.

Kopp S, Jung B, Leßmann N, Wachsmuth I (2003) Max – a multimodal assistant in virtual reality construction. *Künstliche Intelligenz* Heft 4/2003: 11–17

Loizos C (1998) "Domo Arigato, Mr. Roboto." An interview with Joseph Engelberger, the father of industrial robotics, on the state of the industry. *Red Herring*, Mai 1998

Pfeiffer T, Liguda C, Wachsmuth I, Stein S (2011) Living with a virtual agent: seven years with an embodied conversational agent at the Heinz Nixdorf MuseumsForum. In: Barbieri S, Scott K, Ciolfi L (Eds) *Re-thinking technology in museums 2011 – emerging experiences.* University of Limerick, Limerick, Ireland, S. 121–131

Roboter zum Kuscheln, Film von Annette Wagner D 2011, Arte 16.09.2011 (Premiere beim Filmfest Emden-Norderney am 18.06. 2011)

Sand S (1986) *Künstliche Intelligenz – Geschichten über Menschen und denkende Maschinen.* Heyne, München

Strehl R (1952) *Die Roboter sind unter uns.* Stalling, Oldenburg, S. 16

3 Ausdruck in Gesicht und Stimme

Darwin C (2000) *Der Ausdruck der Gemütsbewegungen bei dem Menschen und den Tieren.* Kritische Edition, Einleitung, Nachwort und Kommentar von Paul Ekman. Eichborn, Frankfurt, S. 419

De Vignemont F, Singer T (2006) The empathic brain: how, when and why? *Trends in Cognitive Sciences* 10: 435–441

De Waal F (1991) *Wilde Diplomaten – Versöhnung und Entspannungspolitik bei Affen und Menschen.* Hanser, München

Jürgens U (2001) Wie steuert das Gehirn Sprache und den non-verbalen akustischen Ausdruck? Kursunterlagen IK 2001 [später erschienen in: Rickheit G, Herrmann T, Deutsch W (Hrsg) (2003) *Psycholinguistik. Ein internationales Handbuch.* De Gruyter, Berlin]

Schiefenhövel W (1992) Signale zwischen Menschen. Formen nicht-sprachlicher Kommunikation. *Funkkolleg „Der Mensch. Anthropologie heute", Studieneinheit 11.* Deutsches Institut für Fernstudien, Tübingen, S. 1–64

Van de Wetering J (1994) *Outsider in Amsterdam.* Rowohlt, Reinbek bei Hamburg, S. 65

4 In der virtuellen Werkstatt

Dieses Kapitel wurde inspiriert durch die Radiosendung „Max – der Roboter, der mit uns spricht und der uns auch verstehen soll" der Journalistin Christine Finger (WDR 3, 17.07.2002) sowie durch Annette Lessmöllmanns Report „Rendezvoux mit Max" in der Zeitschrift *Gehirn & Geist* (Heft 1/2003: 78–80).

Der Sprung von der „Schrauben-in-Lochleisten"-Konstruktion zum Entwurf virtueller Prototypen echter Fahrzeuge mag auf den ersten Blick riesig erscheinen, wurde aber in der virtuellen Werkstatt aufgegriffen mit der interaktiven Konstruktion eines „Citymobils". Wie es weitergehen kann, sah man etwa im Rahmen der Sendung „Projekt Zukunft", die am 15.01.2006 im Fernsehprogramm der Deutschen Welle ausgestrahlt wurde.

Das Forschungsprojekt „Virtuelle Werkstatt" und auch die Arbeiten zu Max sind von der Deutschen Forschungsgemeinschaft (DFG) über viele Jahre hinweg mit Fördermitteln unterstützt worden.

Fachliche Details zum „Imitationsspiel" sind zu finden bei:

Kopp S, Sowa T, Wachsmuth I (2004) Imitation games with an artificial agent: from mimicking to understanding shape-related iconic gestures. In: Camurri A, Volpe G (Eds.) *Gesture-based communication in human-computer interaction.* Springer, Berlin, S. 436–447

5 Wie erzeugt man ausdrucksvolle Sprache?

Le Guin U (2001) *Die Erzähler.* Heyne, München, S. 14f.
Stößel D (2001) *Ein System zur Sprachsynthese für multimodale virtuelle Agenten.* Diplomarbeit, Technische Fakultät, Universität Bielefeld

6 Gesten bei Tieren und bei Kindern

Call J (2001) Social cognition and gestural communication in primates. Kursunterlagen IK 2001
Cyrulnik B (1995) *Was hält mein Hund von meinem Schrank? Zur Entstehung von Sinn zwischen Mensch und Tier.* dtv, München, (insbesondere) S. 46f.
Gómez JC (1990) The emergence of intentional communication as a problem-solving strategy in the gorilla. In: Parker ST, Gibson KR (Eds) *"Language" and intelligence in monkeys and apes.* Cambridge University Press, Cambridge, S.333–355 (zitiert nach Call 2001)
Iverson JM, Thelen E (2000) Hand, mouth, and brain: The dynamic emergence of speech and gesture. In: Núñez R, Freeman WJ (Eds) *Reclaiming cognition: the primacy of action, intention, and emotion.* Imprint Academic, Thorverton UK

Savage-Rumbaugh ES, McDonald K, Sevcik RA, Hopkins WD, Rubert E (1986) Spontaneous symbol acquisition and communicative use by pygmy chimpanzees (Pan paniscus). *Journal of Experimental Psychology: General* 115: 211–235 (zitiert nach Call 2001)

Tomasello M (2006) *Why don't apes point? (Warum zeigen Affen nicht auf Dinge?)* Vortrag am Zentrum für interdisziplinäre Forschung der Universität Bielefeld (ZiF public lecture), 04.07.2006

Tomasello M (2003) *Die kulturelle Entwicklung des menschlichen Denkens.* Suhrkamp, Frankfurt am Main

7 Mimik in Aktion

Mein Interesse an diesem Thema geht auf einen begeisternden Abendvortrag zurück, den Wulf Schiefenhövel (Forschungsstelle für Humanethologie, Andechs) auf dem ersten Interdisziplinären Kolleg 1997 in Günne am Möhnesee gehalten hat.

Altenseuer T, Becker C, Knafla B, Kranstedt A, Pfeiffer T, Scheele T, Weber M, Zakotnik J (2001) *Gestik und Mimik in der Mensch-Maschine-Kommunikation am Beispiel von MAX, einem virtuellen Montageassistenten.* Universität Bielefeld.

Darwin C (2000) *Der Ausdruck der Gemütsbewegungen bei dem Menschen und den Tieren.* Kritische Edition, Einleitung, Nachwort und Kommentar von Paul Ekman. Eichborn, Frankfurt, S. 226

Ekman P, Friesen WV (1978) *Facial Action Coding System: A technique for the measurement of facial movement.* Consulting Psychologists Press, Palo Alto CA

Ekman P, Friesen WV (1971) Constants across cultures in the face and emotion. *Journal of Personality and Social Psychology* 17(2): 124–129

Schiefenhövel W (1992) Signale zwischen Menschen. Formen nicht-sprachlicher Kommunikation. *Funkkolleg „Der Mensch. Anthropologie heute", Studieneinheit 11.* Deutsches Institut für Fernstudien, Tübingen

8 Kommunikative Rhythmen

Kommunikative Rhythmen in Dialogen sind auch das Thema eines aktuellen Forschungsprojekts, das ich mit meiner Kollegin, der Phonetikerin und Phonologin Petra Wagner, seit 2010 im Bielefelder Sonderforschungsbereich „Alignment in Communication" mit Unterstützung der Deutschen Forschungsgemeinschaft durchführe.

Condon WS (1986) Communication: rhythm and structure. In: Evans J, Clynes M (Eds) *Rhythm in psychological, linguistic and musical processes.* Thomas, Springfield, IL, S. 55–77

Fant G, Kruckenberg A (1996) On the quantal nature of speech timing. *Proceedings of ICSLP-96:* 2044–2047

Martin JG (1979) Rhythmic and segmental perception. *Journal of the Acoustical Society of America* 65(5): 1286–1297

McClave E (1994) Gestural beats: the rhythm hypothesis. *Journal of Psycholinguistic Research* 23(1): 45–66

Wachsmuth I (2000) Kommunikative Rhythmen in Gestik und Sprache. *Kognitionswissenschaft* 8(4): 151–159

9 Wörter und Sätze

Bruner J (1981), Vortrag über den Spracherwerb des Kindes, Curriculumtagung am Zentrum für interdisziplinäre Forschung (ZiF) der Universität Bielefeld, Juni 1981

Bruner J (1987) *Wie das Kind sprechen lernt.* Verlag Hans Huber, Bern

Dicke U, Roth G (2001) *Grundkurs Neurobiologie.* Kursunterlagen IK 2001

Einstein A (1988) *Über die spezielle und die allgemeine Relativitätstheorie* [1917]. Vieweg, Wiesbaden, S. 54

Jürgens U (2001) Wie steuert das Gehirn Sprache und den nonverbalen akustischen Ausdruck? Kursunterlagen IK 2001 [später erschienen in: Rickheit G, Herrmann T, Deutsch W (Hrsg) (2003) *Psycholinguistik. Ein internationales Handbuch.* De Gruyter, Berlin]

Miller GA (1981) *Language and speech.* Freeman, San Francisco

Wygotski L (1977) *Denken und Sprechen.* Fischer, Frankfurt

Zimmer DE (1986) *So kommt der Mensch zur Sprache – Über Spracherwerb, Sprachentstehung, Sprache und Denken.* Haffmans, Zürich

10 Dem Denken auf der Spur

„Blick ins Lügengehirn", *Der Spiegel* Heft 7/2002, abrufbar unter http://www.spiegel.de/spiegel/print/d-21411101.html   (Stand 07.03.2012)

Dicke U, Roth G (2001) *Grundkurs Neurobiologie.* Kursunterlagen IK 2001

Kammer T (2001) *Spezialkurs Neurowissenschaft: Bildgebende Verfahren.* Kursunterlagen IK 2001

Meyer M (2003) Bildgebende Verfahren. In: Rickheit G, Herrmann T, Deutsch W (Hrsg) *Psycholinguistik. Ein internationales Handbuch.* De Gruyter, Berlin

Streb J, Rösler F (2003) Elektrophysiologische Methoden. In: Rickheit G, Herrmann T, Deutsch W (Hrsg) *Psycholinguistik. Ein internationales Handbuch.* De Gruyter, Berlin

11 Wie versteht man Sprache?

Das „Grüne in der Suppe" (seit vielen Jahren als Beispiel in meiner Vorlesung verwendet und in der dargestellten Form meiner ehemaligen IBM-Kollegin Birgit Wesche zu verdanken) geht zurück auf ein bekanntes, auch in Deutschland erschienenes Buch der amerikanischen Linguistikprofessorin Deborah Tannen (siehe unten).

Friederici A (2006) Wie verstehen wir Sprache? Einblicke in das aktive Gehirn. Vortrag am Zentrum für interdisziplinäre Forschung (ZiF public lecture), 28.11.2006

Friederici AD (2002) Towards a neural basis of auditory sentence processing. *Trends in Cognitive Sciences* 6: 78–84

Tannen D (1986) *Du kannst mich einfach nicht verstehen. Warum Männer und Frauen aneinander vorbeireden.* Ernst Kabel Verlag, Hamburg

Wachsmuth I (2009) Der Avatar Max als virtuelles Phänomen. In: Esselborn H (Hrsg) *Ordnung und Kontingenz: Das kybernetische Modell in den Künsten.* Königshausen & Neumann, Würzburg, S. 58–66

12 Zeichen und Gebärden

Die Kommunikationsgeschichte („Indianer und Cowboys") hat mir jemand erzählt, und ich habe sie aufgeschrieben.

Dass bei gehörlosen Paaren die werdenden Eltern hoffen, ihr Kind würde „normal", also gehörlos sein, haben mir meine französische Kollegin Annelies Braffort und mein amerikanischer Kollege Angus Grieve-Smith – beide Gebärdensprachenforscher – übereinstimmend berichtet. Den ersten Hinweis auf das Behindertengleichstellungsgesetz erhielt ich von Rolf Schulmeister, Institut für Deutsche Gebärdensprache, Hamburg.

Braffort A (2002) Research on computer science and sign language: Ethical aspects. In: Wachsmuth I, Sowa T (Eds) *Gesture and sign language in human-computer interaction.* Springer, Berlin Heidelberg, S. 1–8

Bundesministerium der Justiz, *Gesetz zur Gleichstellung behinderter Menschen (Behindertengleichstellungsgesetz – BGG)* (27.04.2002), abrufbar unter http://www.gesetze-im-internet.de/bgg/ (Stand 07.03.2012)

Lejeune F, Braffort A, Desclés JP (2002) Study on semantic representations of French Sign Language sentences. In: Wachsmuth I, Sowa T (Eds) *Gesture and sign language in human-computer interaction.* Springer, Berlin Heidelberg, S. 197–201

Miller GA (1981) *Language and speech.* Freeman, San Francisco

Prillwitz S, Leven R, Zienert H, Hanke T, Henning J (1989) *HamNoSys. Version 2.0. Hamburg Notation System for sign language. An introductory guide.* Signum, Hamburg

Sallandre MA, Cuxac C (2002) Iconicity in sign language: A theoretical and methodological point of view. In: Wachsmuth I, Sowa T (Eds) *Gesture and sign language in human-computer interaction.* Springer, Berlin Heidelberg, S. 173–180

Sacks O (1990) *Stumme Stimmen – Reise in die Welt der Gehörlosen.* Rowohlt, Reinbek bei Hamburg

Schiefenhövel W (1992) Signale zwischen Menschen. Formen nichtsprachlicher Kommunikation. *Funkkolleg „Der Mensch. Anthropo-*

logie heute", *Studieneinheit 11*. Deutsches Institut für Fernstudien, Tübingen

13 Der Körper spricht mit

Grammer K (1990) Strangers meet: laughter and non-verbal signs of interest in opposite-sex encounters. *Journal of Nonverbal Behavior* 14: 209–236

Dorsch F, Häcker H, Stapf KH (Hrsg) (2003) *Psychologisches Wörterbuch* (14. überarbeitete und erweiterte Auflage). Auf S. 738 findet man metrische Angaben für die vier Distanzzonen nach Hall, die in Halls Werk in *inch* und *feet* angegeben sind.

Hall ET (1966) *The hidden dimension*. Anchor Books, New York

Klein OG (2001) *Ihr könnt uns einfach nicht verstehen. Warum Ost- und Westdeutsche aneinander vorbeireden*. Eichborn, Frankfurt (zitiert nach Viola van Melis, „Humor endet meist peinlich", *Göttinger Tageblatt*, 12.11.2001)

Kopp S, Wachsmuth I (2004) Synthesizing multimodal utterances for conversational agents. *Computer Animation and Virtual Worlds* 15: 39–52

Wachsmuth I (2006) Der Körper spricht mit. *Gehirn & Geist* Heft 4/2006: 40–47

14 Mit Gesten sprechen

Anfang der 1980er-Jahre arbeitete ich in den USA mit Schülern. Sie demonstrierten die Lösung von Mathematikaufgaben mit Klötzchen und anderem didaktischem Material, dabei zeigten sie hierhin und dorthin und beschrieben Formen und Lagen mit den Händen. Gesten wurden interessant für mich. Auf einer Tagung in Ann Arbor begegnete ich dem Gestenforscher David McNeill aus Chicago; später schickte er ein Video, das zwei diskutierende Mathematiker zeigte, und mir wurde deutlich, wie sehr Gesten ihr Sprechen und vermutlich die Entwicklung ihres Denkens begleiten. In den 1990er-Jahren wurden sprachbegleitende Gesten eines meiner Hauptforschungsthemen zur Verbesserung der Mensch-Maschine-Kommunikation. Seit 2009 ist dabei der im Text erwähnte Psycholinguist Jan de Ruiter einer meiner besten Kollegen in Bielefeld.

De Ruiter JP (2000) The production of gesture and speech. In: McNeill D (Ed) *Language and gesture.* Cambridge University Press, Cambridge, S. 284–311

Kelly SD, Kravitz C, Hopkins M (2004) Neural correlates of bimodal speech and gesture comprehension. *Brain and Language* 89: 253–260

McNeill D (1992) *Hand and mind: what gestures reveal about thought.* University of Chicago Press, Chicago IL

Posner R, Serenari M (2003) *Berliner Lexikon der Alltagsgesten.* Arbeitsstelle für Semiotik, Technische Universität Berlin, abrufbar unter http://www.ims.uni-stuttgart.de/projekte/nite/BLAG/, (Stand 07.03.2012)

Salem M, Kopp S, Wachsmuth I, Rohlfing K, Joublin F (2012) Generation and evaluation of communicative robot gesture. *International Journal of Social Robotics* DOI: 10.1007/s12369-011-0124-9

Wachsmuth I (2006) Der Körper spricht mit. *Gehirn & Geist* Heft 4/2006: 40–47

15 Kommunikation zwischen Mensch und Tier

Griffin DR (1992) *Animal minds.* The University of Chicago Press, Chicago IL

Hendrichs H (2000) *Die Fähigkeit des Erlebens – Zur Evolution von Emotionalität und Intentionalität.* Filander Verlag, Fürth

Lenzen W (2004) Damasios Theorie der Emotionen. *Facta Philosophica* 6: 269–309

Parr LA (2003) The discrimination of faces and their emotional content by chimpanzees (Pan troglodytes). In: Ekman P, Campos JJ, Davidson RJ, de Waal FBM (Eds) *Emotions inside out – 130 years after Darwin's The expression of the emotions in man and animals.* The New York Academy of Sciences, New York NY, S. 56–78

Parr LA (2002) Perception of facial expressions and their emotional content in chimpanzees. Vortrag auf der Konferenz "Emotions inside out: 130 years after Darwin's The expression of the emotions in man and animals". The Rockefeller University New York, NY (16. November 2002)

Zimmer DE (1986) *So kommt der Mensch zur Sprache – Über Spracherwerb, Sprachentstehung, Sprache und Denken.* Haffmans, Zürich

16 Ich, Max

Die eingangs erwähnte Tagung war die COSIT (Conference on Spatial Information Theory), die im September 2003 in der Kartause Ittingen bei Zürich stattgefunden hatt. Ein Inspirator für dieses Kapitel (und einen längeren Fachartikel) war mein langjähriger Kollege Ansgar Beckermann, dessen unten zitierter Text mir etwa zu der Zeit in einer Vorversion vorlag.

Der „Conrad" im Dialogbeispiel aus dem Nixdorf-Museum war der Journalist Conrad Schormann, mit dem Max im Februar 2004 sein erstes Zeitungsinterview führte (nachzulesen unter http://www.techfak.uni-bielefeld.de/ags/wbski/MAX_Interview.html).

Becker C, Kopp S, Wachsmuth I (2004) Simulating the emotion dynamics of a multimodal conversational agent. In: André E, Dybkjaer L, Minker W, Heisterkamp P (Eds) *Affective dialogue systems.* Springer, Berlin, S. 154–165

Beckermann A (2005) Selbstbewusstsein in kognitiven Systemen. In: Peschl MF (Hrsg) *Die Rolle der Seele in der Kognitionswissenschaft und der Neurowissenschaft.* Königshausen & Neumann, Würzburg, S. 171–187

Kopp S, Gesellensetter L, Krämer NC, Wachsmuth I (2005) A conversational agent as museum guide – design and evaluation of a real-world application. In: Panayiotopoulos T et al. (Eds.) *Intelligent virtual agents.* Springer, Berlin, S. 329–343

Vongvipanond P (1994) "Linguistic perspectives of Thai culture", http://thaiarc.tu.ac.th/thai/peansiri.htm (Stand 07.03.2012)

Wachsmuth I (2005) „Ich, Max" – Kommunikation mit künstlicher Intelligenz. In: Herrmann CS, Pauen M, Rieger JW, Schicktanz S (Hrsg) *Bewusstsein: Philosophie, Neurowissenschaften, Ethik.* Wilhelm Fink Verlag, München, S. 329–354 [vergriffen] Der Beitrag wurde erneut abgedruckt in: Sutter T, Mehler A (Hrsg) *Medienwandel als Wandel von Interaktionsformen.* Verlag für Sozialwissenschaften, Wiesbaden, 2010, S. 135–157

17 Das Natürliche und das Künstliche

Es ist gar nicht so einfach, ein künstliches System über viele Jahre funktionsfähig zu erhalten. Der Gedanke, man könne das Programm doch auf einen neuen Computer überspielen, ist leichter geäußert als umgesetzt. Die vielen Komponenten, aus denen zum Beispiel das Max-System besteht, hängen von zahlreichen anderen Programmen und Softwareumgebungen ab. Mit den Innovationen der Rechner- und Softwaretechnologie verfallen immer wieder „Lebensbedingungen" für eine vorhandene Software und müssen mühsam wiederhergestellt werden.

Hornyak T (2006) Android science. *Scientific American* 294: 32–34, abrufbar unter http://www.scientificamerican.com/article.cfm?id=android-science (Stand 07.03.2012)

Marks P (2006) Antisocial robots go to finishing school. *New Scientist* Heft 2569: 28–29, abrufbar unter http://www.newscientist.com/article/mg19125696.200-antisocial-robots-go-to-finishing-school.html (Stand 07.03.2012)

Negrotti M (2005) Humans and naturoids: from use to partnerships. In: Negrotti M (Ed) *Yearbook of the artificial Vol. 3: Cultural dimensions of the user.* Peter Lang, Bern, S. 9–15

Epilog 2030

Was ich hier geschrieben habe, ist technisch bereits auf dem Weg und Vieles ist schon jetzt möglich. Ich habe lediglich alles zu meiner Vision zusammengeführt. Die leuchtenden Wände beruhen auf OLEDs (Organic Light Emitting Diodes), wie man sie in Form großer Streifen-Displays schon auf manchen Flughäfen sieht. Ob das alles so kommen wird? „Die beste Art, die Zukunft vorauszusagen, ist, die Zukunft zu erfinden" – sagte Alan Kay, ein US-amerikanischer Informatiker.

Bendzko T, *Nur noch kurz die Welt retten.* Sony Music 2011

Waltinger U, Breuing A, Wachsmuth I (2011) Interfacing virtual agents with collaborative knowledge: open domain question answering using Wikipedia-based topic models. In: Walsh T (Ed) *Proceedings of the 22nd international joint conference on artificial intelligence (IJCAI–11).* AAAI Press, S. 1896–1902

Bildquellenverzeichnis

Kap. 1, Titelbilder: © Ipke Wachsmuth; Kap. 2, Titelbilder: links © Ipke Wachsmuth; rechts © AG Wachsmuth/Universität Bielefeld; Kap. 3, Titelbilder: links © Ipke Wachsmuth; rechts © vgstudio, Fotolia Nr. 23790299; Kap. 4, Titelbilder: © AG Wachsmuth/Universität Bielefeld; Kap. 5, Titelbilder: links © Ipke Wachsmuth; rechts © Archiv Heinz Zemanek, Digitalisierung www.oegig.at; Kap. 6, Titelbilder: links © Max-Planck-Institut für evolutionäre Anthropologie (MPI/EVA), Leipzig; rechts © Susanne Müller-Philipp; Kap. 7, Titelbilder: links Repro aus: © Darwin C, Der Ausdruck der Gemütsbewegungen bei den Menschen und den Tieren, Eichborn 2000, S. 32; rechts © AG Wachsmuth/Universität Bielefeld; Grafik im Text: © Ipke Wachsmuth; Kap. 8, Titelbilder: © WDR mediagroup GmbH, Köln; Kap. 9, Titelbilder: © Ipke Wachsmuth; Kap. 10, Titelbilder: links © Cooper, Osselton, Shaw: EEG Technology, Elsevier Ltd., Oxford; rechts: © H J Markowitsch; Kap. 11, Titelbilder: © Ipke Wachsmuth; Kap. 12, Titelbilder: links © Repro Ipke Wachsmuth; rechts © Grafik Martin Lay, Breisach, nach einer Vorlage aus Miller GA (1981) Language and Speech. W H Freeman and Company, San Francisco, S. 18; Grafiken im Text © Ipke Wachsmuth; Kap. 13, Titelbilder: links © Ipke Wachsmuth; rechts © AG Wachsmuth/Universität Bielefeld; Kap. 14, Titelbilder: links © AG Wachsmuth/Universität Bielefeld; rechts © Museum of Modern Art, Aalborg;

Kap. 15, Titelbilder: links © Katrín Elvarsdóttir, Reykjavik; rechts © Ipke Wachsmuth; Kap. 16, Titelbilder: links © Ipke Wachsmuth; rechts © AG Wachsmuth/Universität Bielefeld; Kap 17, Titelbilder: © Ipke Wachsmuth

Index